AF756598

IL Mercato Halal

Hussein Elasrag

IL Mercato Halal

Hussein Elasrag

Copyright © 2018 Hussein Elasrag
Copyright © 2022 Hussein Elasrag

Indice

I. Introduzione

Va innanzitutto affermato che il sistema alimentare e di consumo islamico è diverso e unico rispetto ad altri sistemi dietetici etnici. La comunità mondiale ha ora iniziato a comprendere l'importanza della richiesta dei musulmani per il Alimentare e altri consumi noti come halal. Il mercato degli alimenti e dei prodotti halal certificati è in forte crescita , sia a livello nazionale che internazionale. Sebbene il termine halal non abbia mai attirato tanta attenzione come in tempi recenti, oggi, ovunque ci siano consumatori musulmani i cui gusti e preferenze sono regolati dalle regole halal sulle specifiche alimentari, esiste un mercato alimentare halal. Ogni musulmano deve assicurarsi che ciò che mangia provenga da una fonte halal. Questo non significa solo controllare gli ingredienti in sé, ma anche garantire che l'intero processo sia conforme ai principi della Shari'ah .
Halal è una parola araba che significa lecito e consentito. Questo concetto Halal deriva dal Sacro Corano che usa per descrivere oggetti e azioni. L'Islam è uno stile di vita naturale e racchiude il concetto di un sistema economico basato sulla cooperazione umana e sulla fratellanza, che si basa sulla consultazione e sulle leggi alimentari per tutta l'umanità. Halal consiste in tutto ciò che è privo di qualsiasi componente che ai musulmani è vietato consumare. Questo può essere classificato come "senza carne di maiale" nella sua esistenza fisica, comprese sostanze alimentari come gelatina, enzimi, lecitina e glicerina, nonché additivi come aromi e coloranti. Halal è un termine coranico che significa permesso, permesso, legale o legale.

Il suo opposto è haram (proibito, illegale o illegale). Secondo la Shari'ah , tutte le questioni riguardanti Halal o Haram e persino tutte le controversie dovrebbero essere riferite al Corano e alla Sunnah. Halal e Haram sono termini universali che si applicano a tutti gli aspetti della vita umana, siano essi legati al suo ibadat o muamalat o mua'sharah . Halal può essere definito come un atto, oggetto o condotta su cui l'individuo ha libertà di scelta e il suo esercizio non comporta né una ricompensa né una punizione. Halal potrebbe essere stato identificato da prove esplicite nella Shari'ah o facendo riferimento alla presunzione di ammissibilità (ibahah). A livello globale, l'Organizzazione delle Nazioni Unite per l'alimentazione e l'agricoltura ha preparato delle linee guida generali per l'uso del termine halal che devono essere adottate dai paesi membri.

I principi di base per i prodotti Halal sono:

Essere prodotti Halal o Haram è la funzione di essere leciti o illegali rispetto agli ordini divini.

I musulmani non devono impegnarsi in (o trarne alcun beneficio) attività vietate dalla Shari'ah . Non è quindi consentito ai musulmani investire in imprese che svolgono attività vietate come casinò, birrerie o fabbriche che producono prodotti a base di carne di maiale. Inoltre, non è consentito alle banche islamiche fornire alcun finanziamento a tali attività. Tuttavia, un'interpretazione molto rigida di queste regole significherebbe che i musulmani potrebbero investire solo in un numero molto limitato di imprese a livello internazionale. Ad esempio, non sarebbe consentito ai musulmani investire in un hotel che serve alcolici, un'azienda alimentare che produce anche prodotti a base di carne di maiale come parte della sua gamma di prodotti o qualsiasi attività commerciale che presta o prende in prestito denaro a interesse.

Alla luce delle considerazioni pratiche del commercio internazionale e al fine di consentire agli investitori musulmani di parteciparvi, un certo numero di eminenti studiosi della Shari'ah ha avanzato l'opinione che sia consentito per i musulmani investire in imprese o società che non sono interamente Shari ' 'ah conforme purché siano soddisfatte determinate condizioni. Queste condizioni includono (tra le altre cose):

1- L'attività commerciale principale deve essere consentita dalla Shari'ah ;

2 - Qualsiasi reddito derivante da attività vietate dovrebbe costituire solo una piccola percentuale del reddito complessivo dell'azienda o dell'attività (questa percentuale varia dal 5 al 20 per cento del reddito complessivo a seconda della natura dell'attività vietata e degli studiosi della Shari'ah coinvolti);

3 - L' importo aggregato del debito fruttifero contratto da una società o impresa non deve superare una certa percentuale del suo patrimonio o della capitalizzazione di mercato (ci sono disaccordi tra studiosi della Shari'ah su quale percentuale sia accettabile e varia dal 25 al 35 per cento .del totale attivo o capitalizzazione di mercato a seconda degli studiosi coinvolti); e I crediti della società sull'attività non devono superare una certa percentuale del suo patrimonio o della capitalizzazione di mercato (solitamente fissata tra il 25 e il 33 per cento).

4 - L'assegnazione di Halal o Haram dipende rispettivamente dall'essere benefico o dannoso. Nel contesto dei concetti di cui sopra, gli ordini assegnati nella Shari'ah sono regole fisse e variabili basate sullo stato dei soggetti in tempi e luoghi specifici. Gli ordini nella Shari'ah sono classificati in base al grado di essere benefici o dannosi, mentre la scelta migliore è preferita ogni volta che è necessaria.

5- Alcuni controlli e regolamenti governativi come "La zirar " (nessun danno per l'uomo), Haraj (l'esistenza di gravi minacce e/o vincoli) e regole di urgenza occasionalmente disapprovano gli ordini.

Pertanto, soprattutto i musulmani hanno la responsabilità di abbracciare questo ordine più di chiunque altro. Questo è un problema di fede per loro. Poiché è una questione di fede dei musulmani, i non musulmani non possono mai occuparsi della standardizzazione e della certificazione Halal e Tayyib . Nessuno può abusare di questo per la loro pubblicità e ideologia. I non musulmani non possono mai essere coinvolti nella certificazione Halal e Tayyib in quanto non possono essere un imam nella moschea in preghiera.

È quindi importante che la comunità mondiale, sia musulmana che non musulmana, riconosca il potenziale dell'industria Halal. Questo perché approfondire un'industria emergente da miliardi di dollari come l'industria Halal potrebbe aiutare a sviluppare ulteriormente l'economia proprio come servirebbe a risolvere alcuni dei problemi di vecchia data affrontati dalla comunità musulmana. Ci sono ragioni per cui l'industria Halal è importante per la crescita mondiale come società multirazziale. Molti consumatori musulmani e non musulmani ancora non capiscono lo spirito della Shari'ah che governa questi prodotti. I principi halal non si limitano allo stretto religioso, ma riguardano salute, pulizia e sicurezza. Il rapporto sullo stato dell'economia islamica globale 2017/18 stima che la spesa musulmana globale nei settori dello stile di vita sia stata di $ 2 trilioni nel 2016, mentre il settore della finanza islamica ha $ 2,2 trilioni di attività totali. Alimentare e bevande guidano la spesa musulmana per categoria, a $ 1,24 trilioni, seguita da abbigliamento e abbigliamento a $ 254 miliardi, media e intrattenimento a $ 198 miliardi, viaggi a $ 169 miliardi e spesa per prodotti farmaceutici e cosmetici rispettivamente a $ 83 miliardi e $ 57,4 miliardi. Questo libro fornisce una profonda comprensione dell'industria halal e ti offre gli ultimi sviluppi e tendenze di questa economia, evidenziando anche la direzione futura di questo settore.

II. Capire Halal

Si stima che l'industria halal globale valga circa 2,3 trilioni di dollari (esclusa la finanza islamica). Crescendo a un tasso annuo stimato del 20%, il settore ha un valore di circa 560 miliardi di dollari l'anno. Così, rendendolo uno dei segmenti di consumatori in più rapida crescita al mondo. Il mercato halal globale di 1,8 miliardi di musulmani non è più limitato al Alimentare e ai prodotti alimentari. L'industria halal si è ora ampliata oltre il settore alimentare per includere prodotti farmaceutici, cosmetici, prodotti sanitari, articoli da toeletta e dispositivi medici, nonché componenti del settore dei servizi come logistica, marketing, stampa ed elettronica, packaging, branding e finanziamento.

Negli ultimi anni, con l'aumento del numero di musulmani benestanti, l'industria halal si è ulteriormente ampliata in offerte di stile di vita, inclusi viaggi halal e servizi di ospitalità, nonché moda. Questo sviluppo è stato innescato dal cambiamento nella mentalità dei consumatori musulmani e dalle tendenze dei consumatori etici in tutto il mondo.

Il mercato halal non è esclusivo per i musulmani e ha ottenuto una crescente accettazione tra i consumatori non musulmani che associano l'halal al consumismo etico. In quanto tali, i valori promossi dall'halal - responsabilità sociale, amministrazione della terra, giustizia economica e sociale, benessere degli animali e investimento etico - hanno raccolto interesse al di là del suo rispetto religioso. La popolarità e la domanda di prodotti certificati halal tra i consumatori non musulmani sono in aumento poiché sempre più consumatori cercano prodotti di alta qualità, sicuri ed etici. Non più un semplice obbligo o osservanza religiosa per i musulmani, l'halal (che significa "lecito" o "consentito") è diventato una potente forza di mercato, diventando sempre più un fenomeno di mercato mondiale sia per i musulmani che per i non musulmani. L'appendice di "Halal" a un prodotto non è solo una garanzia che il prodotto sia consentito ai musulmani, ma è anche diventato un simbolo globale per la garanzia della qualità e la scelta dello stile di vita. Ciò è evidente dalla partecipazione e dal coinvolgimento di paesi e organizzazioni non musulmani in cui l'halal sta rapidamente emergendo come standard di scelta. Molti paesi occidentali hanno riconosciuto l'emergente tendenza globale del consumismo verso prodotti e servizi halal e ora stanno gareggiando per prendere piede nell'industria halal. Al posto del cambio di paradigma su questioni globali come la sostenibilità, la protezione ambientale e il benessere degli animali , la potenziale crescita dell'industria halal ne ha fatto un mercato redditizio da sfruttare e che presenta un'importante opportunità globale. I player di ogni settore dell'industria, dalle grandi multinazionali fino alle piccole imprese, stanno cercando di conquistare la loro quota di questo mercato in crescita. Nell'ultimo decennio, l'industria halal ha subito un'ulteriore evoluzione come forza di mercato quando i governi hanno iniziato a considerare l'halal in termini di formazione di politiche per lo sviluppo delle proprie economie.

1- Temi Halal nel Corano

Halal è una parola araba che significa lecito o consentito. L'opposto di Halal è Haram, che significa illegale o proibito. Halal e Haram sono termini universali che si applicano a tutti gli aspetti della vita. Tuttavia, utilizzeremo questi termini solo in relazione a prodotti alimentari, prodotti a base di carne, cosmetici, prodotti per la cura personale, ingredienti alimentari e materiali a contatto con gli alimenti. Mentre molte cose sono chiaramente Halal o chiaramente Haram, ci sono alcune cose che non sono chiare. Questi elementi sono considerati discutibili o sospetti e sono necessarie ulteriori informazioni per classificarli come Halal o Haram. Tali oggetti sono spesso indicati come Mashbooh , che significa dubbioso o discutibile. Tutti gli alimenti sono considerati Halal tranne i seguenti, che sono Haram:

1. Suino/carne suina e suoi derivati
2. Animali macellati in modo improprio o morti prima della macellazione
3. Animali uccisi in nome di chiunque non sia Allah (Dio)
4. Alcol e intossicanti
5. Animali carnivori, rapaci e animali terrestri senza orecchie esterne
6. Sangue e derivati del sangue
7. Alimenti contaminati con uno qualsiasi dei prodotti di cui sopra

Il termine Halal, che è la controparte islamica di Kosher, e significa permesso o permesso ai musulmani. La certificazione halal degli alimenti sta diventando sempre più importante man mano che la popolazione musulmana del Paese cresce. È anche importante per l'attività di esportazione.

Un segno halal di solito era sufficiente per convincere qualsiasi musulmano che il Alimentare venduto era quello che diceva. Il business alimentare halal è sicuramente redditizio, soprattutto nelle zone popolate da musulmani. I clienti musulmani devono avere una curiosità personale riguardo al prodotto. È perché alcuni rivenditori vogliono attirare il cliente musulmano ad acquistare il loro prodotto anche se producono o utilizzano il modo proibito. Il Corano vede il messaggio proclamato dal Profeta Maometto (pace su di lui) che impone le leggi islamiche o la Shari'ah come misericordia per tutte le creazioni. Pertanto, il fondamentale alla base delle leggi islamiche è la compassione verso l'intero universo e l'obiettivo o maqasid della Shari'ah è sostenere 3 categorie di benefici in ordine di importanza decrescente; vale a dire l'essenziale, il complementare e l'abbellimento (Mawsu'ah al-Fiqh al- Islami). Questi benefici sono essenziali per il benessere dell'umanità e consistono nel sostenere quanto segue: fede, vita, intelletto, lignaggio e proprietà.

I versetti del Corano sono diretti all'umanità in generale con frasi che richiamano l'attenzione degli uomini; 0 uomini e credenti; 0 coloro che credono comprensivi di credenti sia maschi che femmine. Ci sono anche versetti rivolti specificamente alle sole donne e che dicono alle donne credenti che dovrebbero abbassare lo sguardo e versetti indirizzati specificamente alle mogli del Profeta, la pace sia su di lui. Vi sono anche versetti indirizzati specificamente al Profeta; 0 Profeta Tuttavia, sebbene i versetti del Corano siano rivelati direttamente al Profeta, sono destinati a tutta l'umanità.

I versetti del Corano contengono istruzioni dirette e indirette affinché l'uomo si sottometta pienamente e obbedisca ad Allah, il sostenitore dei mondi. La sottomissione e l'obbedienza dell'uomo ad Allah gli garantisce un ordine normale nella società e il benessere degli individui affinché soddisfi l'essenza stessa della sua creazione, come schiavo e vicegerente di Allah in questo mondo. Pertanto, il Corano denuncia sacerdoti e monaci che derogano ad Allah e

proclamano le proprie leggi su ciò che è lecito e illegale secondo i propri desideri (Sura al- Tawbah , 9: 31).
Nel Corano, il concetto di halal non è limitato a cibi e bevande. Invece, è applicabile a molti aspetti della vita. Per esempio, è lecito per un uomo avere una relazione sessuale con una donna a motivo del matrimonio o per la proprietà di una schiava: Ti abbiamo reso lecite le tue mogli alle quali hai pagato le loro doti e quelle che la tua destra possiede dei prigionieri di guerra che Allah ti ha assegnato (Sura al- Ahzab , 33:50). Il concetto halal si applica anche al Alimentare e agli animali a ventaglio: ti sono leciti (per il Alimentare) tutti gli animali a 4 zampe. È anche associato al buon Alimentare: ti sono lecite (tutte) le cose buone e pure (Sura al- Ma'idah 5:4) ed Egli ammette loro come lecito ciò che è buono (e puro) e proibisce loro ciò che è male (e impuro) (Sura al- A'raf , 7: 157).
Il concetto halal è appropriato anche per consentire la guerra: perché lo rendono legale 1 anno e proibito un altro anno al fine di regolare il numero di mesi proibiti da Allah e rendere legali tali proibiti (Surah al- Tawbah , 9: 37) . Altre attività vincolate dal principio halal sono il matrimonio e il divorzio: non è lecito per te (a molte altre) donne dopo questo, né cambiarle per (altre) mogli (Surah al- Ahzab , 33:52); sono credenti, quindi non rimandarli ai non credenti. Non sono legittime (mogli) per i non credenti, né i (non credenti) sono legittimi (mariti) per loro (Sura al- Mumtahanah , 60:10). Inoltre, il concetto halal è, anche legato al modo di condurre gli affari: Allah ha permesso il commercio e proibito l'usura (Sura al-Baqarah, 2: 275), discorso: ma non dire per qualsiasi cosa falsa che le tue lingue possano proferire; questo è lecito e questo è proibito, in modo da attribuire ad Allah cose false (Surah al- Nahl ,

16:116) e sostentamento: Quindi mangia del sostentamento che Allah ha fornito per te lecito e buono e sii grato per i favori di Allah se è Lui che servite (Surah al- Nahl , 16 114). Dalla spiegazione precedente, è evidente che l'applicazione dell'halal è espansiva, coinvolge molti aspetti della vita e non si limita al Alimentare e alle relazioni coniugali come è convenzionalmente inteso. Delle tre parole arabe che compaiono in questo titolo, halal e i suoi derivati ricorrono più frequentemente nel Corano e ḥ adīth mentre la letteratura fiqh è più incline a impiegare mubā ḥ e jā'iz . Halal può essere definito come un atto, oggetto o condotta su cui l'individuo ha libertà di scelta e il suo esercizio non comporta né una ricompensa né una punizione. Halal potrebbe essere stato identificato da prove esplicite nella Shari'ah o in riferimento alla presunzione di ammissibilità (ibā ḥ ah) come spiegato di seguito.

Nel suo uso coranico halal è sinonimo di tayyib , ciò che è pulito e lecito. Tayyib è un aggettivo che fondamentalmente denota qualsiasi qualità che colpisce i sensi del gusto e dell'olfatto come deliziosa e piacevole. Tayyib è anche usato in riferimento alla parola come 'discorso piacevole' (kalam tayyib), e occasionalmente anche come descrizione della pietà delle persone e degli angeli (cfr. Q 16:31). Sia l'halal che il tayyib portano il significato fondamentale di legalità come nel testo seguente: "Ti chiedono *Maometto+ cosa è loro reso lecito (uhilla). Di ' 'Legittime sono tutte le cose buone (tayyibat) (Q 5:4).' Altrove il Corano usa rispettivamente halal e tayyib insieme ai loro opposti:

Egli [il Profeta] rende legittime (yuhillu) per loro tutte le cose buone (tayyibat), e rende illegale (yuharrimu) per loro ciò che è sporco e malvagio (khaba'ith) (7:157).

L'opposto di halal è quindi haram mentre l'opposto di tayyib è khabith . Haram diventa così sporco e khabith mentre halal è inteso come tayyib , piacevole e pulito.
Evidentemente si traccia un parallelo tra haram e khabith in quanto tendono a coincidere: haram diventa impuro e l'impuro diventa haram, ma su questo avrò altro da dire. Nell'uso di studiosi di fiqh e libri di testo, halal è sinonimo di mubah e ja'iz , che implicano tutti ammissibilità e un atteggiamento neutrale che la Shari'ah assume riguardo ad aspetti della condotta umana, incluso il consumo di viveri, attività ricreative, viaggi, trattamento degli animali, consuetudini e commercio. Detto questo, tuttavia, i giuristi fiqh sono inclini a usare mubah e ja'iz più frequentemente di halal per significare Shari'ah neutralità. È interessante notare che dei tre termini, è l'halal che è usato più frequentemente nel Corano, mentre il discorso fiqh usa mubah più frequentemente degli altri suoi sinonimi. Halal e il suo opposto haram sono termini coranici mentre mubah e ja'iz sono, in generale, terminologie giuridiche sviluppate dalla tradizione fiqh . Questo può essere detto più ampiamente forse delle famose cinque scale di valori che vanno dall'obbligatorio (wajib o fard) al raccomandabile (mandub), consentito mubah), riprovevole (makruh) e proibito (haram). Solo i due estremi di questa scala sono terminologie coraniche, ma i restanti tre punti di valore sono stati sviluppati dalle scuole e dai giuristi fiqh . Testimonianza del II/VIII secolo
attività scolastiche intensive nell'ijtihad e sentenze legali (fatawa). Ciò significava anche l'espansione del fiqh stesso e il suo impegno con la classificazione e gli indicatori teorici al di là delle categorie binarie wajib -haram del Corano. Anche gran parte della maggior parte degli hadith era stata

compilata a quel tempo, il che a sua volta forniva agli studiosi di fiqh un'ampia gamma di dati per le loro attività scolastiche. Gli studiosi di Fiqh hanno certamente ampliato la scala dei valori a cinque, e se si prendono in considerazione le specifiche aggiuntive della scuola Hanafi, a sette punti di valori, poiché gli Hanafi hanno aggiunto una sottocategoria rispettivamente a wajib e makruh . Gli studiosi di Fiqh hanno condotto questo esercizio, non indipendentemente ovviamente, ma alla luce della loro conoscenza generale del Corano e degli hadith, e molto probabilmente come segno di rispetto per la santità di queste fonti. Ciò era dovuto alle linee guida coraniche che consigliavano un certo grado di moderazione riguardo all'haram:

E non dire, riguardo alla menzogna che le tue lingue pronunciano: 'questo è halal e quello è haram', per non inventare menzogne contro Dio; poiché coloro che lo fanno certamente non prospereranno.(Q 16:116)

La scala di cinque valori che è nota alla giurisprudenza islamica, vale a dire l'obbligatorio, raccomandato, ammissibile, riprovevole e proibito (wajib , mandūb , mubā ḥ , makrūh e ḥ arām , rispettivamente) non ricorre nel Corano o ḥ adīth . Il Corano può quindi usare direttamente la parola halal o i suoi derivati, o dichiarare che "non c'è peccato", "nessuna responsabilità", "nessuna colpa" o che "Dio non ti prenderà in giro" per questo e tale , che implicano tutti ammissibilità. Questo si può dire anche del makrūh e del mandūb , per i quali nel Corano e nell'ḥadīth sono impiegate una varietà di espressioni . Pertanto, quando leggiamo in queste fonti espressioni come "Dio non ama" tale e tale, o quando un atto è descritto come "un abominio", "non gradito", "sviato" e così via, indicherebbe un makrūh e

l'opposto di tali espressioni può anche implicare un mandūb
.
Le linee guida testuali sull'halal suggeriscono che non dovrebbero essere imposte restrizioni alla libertà fondamentale dell'individuo e che la portata dei divieti non dovrebbe andare oltre quanto stabilito dal testo. L'ammissibile, o halal, è stato di conseguenza lasciato aperto. Il Corano dichiara: "Oggi vi è stato reso lecito ogni cosa buona e pura" (5,6); e «O uomini, mangiate di ciò che è lecito e sano sulla terra» (2:168 e 172); e poi ancora: "O voi che credete! Non vietare le cose buone che Allah ha fatto halal per te" (5:87). Questa visione dell'halal ha consentito ai giuristi di formulare linee guida, come la seguente massima legale: "l'ammissibilità è la norma fondamentale in tutte le cose a meno che non ci siano prove per stabilire un divieto". Il principio di ammissibilità (ibā ḥ ah) significa anche che la libertà è la posizione normativa della Shari'ah in materia di derrate alimentari, animali di terra e di mare, consuetudini, transazioni commerciali e contratti.
Tutti sono ammissibili in assenza di un chiaro divieto. I giuristi musulmani hanno anche affermato che qualsiasi prova testuale che annulli la presunzione di ammissibilità deve essere decisiva sia nel significato che nella trasmissione semplicemente perché un harām non può essere stabilito sulla base di prove dubbie, come un hadith debole o un versetto coranico che non trasmette un significato chiaro – nel qual caso il soggetto sarebbe regolato dalla norma di ammissibilità. Le due principali eccezioni a ibā ḥ ah sono le questioni devozionali (ʿ ib ā d ā t) e i rapporti sessuali tra un uomo e una donna che non sono sposati. La presunzione di base qui è che gli atti di devozione (ʿib ā d ā t) debbano

essere convalidati da un testo chiaro, altrimenti si presume siano vietati.

I Māliki sono i più liberali riguardo all'ammissibilità di alimenti di origine animale che potrebbero essere stati classificati come makrūh o addirittura proibiti dalle altre scuole. Lo Shāfi῾ è , Ḥ anafis , e il Ja῾faris o Twelver Shi῾ites sono _ _ moderare invece il Ḥ anbalis tendono ad essere restrittivi. I Māliki consentono a tutte le varietà di animali e uccelli terrestri e marini, compresi gli animali randagi (jallalah) che si nutrono di sporcizia, e anche gli uccelli rapaci, nonché formiche, vermi e scarafaggi, per essere ammessi al consumo umano. La maggior parte delle altre scuole le ha dichiarate makrūh se non ḥarām . Ci sono tre tipi di halal/ mubā ḥ . Primo, mubā ḥ che non comporta alcun danno per l'individuo indipendentemente dal fatto che vi agisca o meno, come viaggiare, cacciare o camminare all'aria aperta; secondo, mubā ḥ la cui commissione non danneggia l'individuo sebbene sia essenzialmente proibito. Ciò può includere il consumo di carogne per salvarsi la vita.6 La terza varietà di mubā ḥ si riferisce a comportamenti che l'Islam proibiva ma che furono commessi prima dell'avvento dell'Islam o, con riferimento ai convertiti, prima che abbracciassero la religione. Ad esempio, il consumo di vino non fu proibito fino alla migrazione del Profeta a Medina, quindi cadde sotto mubā ḥ fino alla rivelazione del versetto del Corano che alla fine lo dichiarò proibito (5:90).

Mubā ḥ è stato nuovamente suddiviso in tre tipi:

Atti che sono mubā ḥ per l'individuo ma raccomandabili (mandūb) per la comunità nel suo insieme. Mangiare determinati cibi, come Alimentare vegetariano, manzo, montone e così via, è mubā ḥ per l'individuo, ma è mandūb per la comunità nel suo insieme averli disponibili sul mercato.

Atti che sono mubā ḥ per l'individuo ma obbligatori (wājib) per la comunità nel suo insieme. In circostanze normali, mangiare, bere e sposarsi possono essere mubā ḥ per l'individuo, ma garantire la loro disponibilità è un wājib per la comunità e la sua leadership. Allo stesso modo, è mubā ḥ che l'individuo scelga la propria linea di lavoro e professione, ma la comunità nel suo insieme ha l'obbligo di garantire la sopravvivenza di determinati tipi di industria e commercio.

Atti che sono mubā ḥ su base occasionale ma vietati se perseguiti regolarmente. Ad esempio, un uso occasionale di parole dure sul proprio figlio è mubā ḥ ma vietato se praticato tutto il tempo e makrūh se praticato frequentemente.

2- Standard Halal globale

Sebbene la certificazione halal sia considerata un fattore chiave per lo sviluppo di successo dell'industria halal globale, il settore è ancora afflitto dalla questione di standard di certificazione diversi. La mancanza di un unico standard halal globale unificato è una questione urgente all'interno

l'industria halal Attualmente, i diversi standard halal tra i paesi e all'interno dei paesi a causa della presenza di varie autorità halal e, in alcuni casi, l'abuso nell'audit e nella certificazione halal, stanno inibendo l'ulteriore sviluppo del settore. Inoltre, le differenze nelle interpretazioni su questioni importanti come i metodi di macellazione, l'imballaggio, la logistica, la gelatina, gli aromi alimentari e gli enzimi animali hanno ostacolato l'ulteriore sviluppo dell'industria halal globale. Avere uno standard halal onnicomprensivo e un sistema di certificazione halal

armonizzato adottato in tutto il mondo ha i suoi meriti. Uno standard halal globale e un sistema di certificazione accelererebbe lo sviluppo del prodotto, fornirebbe maggiori garanzie ai consumatori, ridurrebbe il numero di più certificazioni e, in definitiva, comprimerebbe il tempo del ciclo della catena di approvvigionamento.
Le posizioni geografiche e le differenze etniche hanno anche portato a variazioni nei concetti halal adottati dai musulmani in tutto il mondo. A complicare questo problema c'è la mancanza di riconoscimento reciproco tra i 300 organismi di certificazione halal in tutto il mondo. Nel Regno Unito, alcuni organismi di certificazione consentono l'uso dello stordimento elettrico come parte del metodo di macellazione, mentre il Comitato di monitoraggio Halal e il Consiglio musulmano della Gran Bretagna rifiutano fermamente questa pratica. Anche l'istituzione di organismi di certificazione halal differisce da paese a paese. In Malesia, Indonesia, Brunei e Singapore, i certificati halal sono emessi da agenzie governative o para-governative. Nei paesi non musulmani, come l'Europa, le certificazioni halal sono rilasciate da organismi di certificazione privati , associazioni islamiche e, in alcuni casi, anche dalle moschee. In Medio Oriente, i consumatori presumono che tutti gli alimenti siano halal e impongono l'obbligo al governo.
Diverse iniziative, a livello globale, sono state dirette verso la definizione di uno standard halal globale. L'istituzione del World Halal Council nel 1999 è stato il primo passo in questa direzione. I lavori del Consiglio per elaborare uno standard di certificazione internazionale non sono privi di difficoltà, in particolare con le opposizioni provenienti da varie parti, compresi gli organismi di certificazione halal. Recentemente, c'è stata l'istituzione dell'International Halal Integrity

Alliance o IHI Alliance per guidare l'armonizzazione degli standard halal. L'IHI Alliance è un ente non governativo senza scopo di lucro che "mira a fornire una piattaforma per i suoi membri per condividere informazioni e lavorare per sostenere l'integrità dell'industria halal; fornire un canale di comunicazione per i suoi membri con le parti interessate; e per rafforzare l'industria halal per realizzare il suo massimo potenziale". L'alleanza IHI, in collaborazione con la Camera di commercio e industria islamica (ICCI), ha pubblicato quattro moduli sugli standard halal, che formeranno linee guida fondamentali nell'assistere i paesi membri dell'OIC nella creazione di un organismo di assicurazione halal nazionale strutturato e nello snellimento delle pratiche di certificazione al fine di sostenere integrità halal.

3- Nuovi consumatori musulmani

Il mondo musulmano sta vivendo un significativo "rigonfiamento giovanile" per cui il 60% della popolazione dei paesi a maggioranza musulmana ha meno di 30 anni. Questa giovane generazione di musulmani è agenti di cambiamento per l'industria halal. Richiedono una vasta gamma di beni di consumo halal e prodotti finanziari che soddisfino i loro parametri nutrizionali, di stile di vita e finanziari specifici della fede islamica. A causa del loro forte senso di identità come musulmani, questo nuovo gruppo di consumatori musulmani vuole associarsi ai marchi halal. Data la loro dimensione crescente, i giovani musulmani avranno un'influenza culturale significativa sulle abitudini di consumo della più ampia comunità musulmana globale. Sono una generazione che abbraccia uno stile di vita islamico e stanno diventando più consapevoli della conservazione dell'halal come parte della loro vita quotidiana. Uno studio di Ogilvy & Mather ha rivelato che i musulmani sono orgogliosi della loro religione, hanno un potere d'acquisto elevato e modelli di consumo elevati. Il rapporto ha anche rilevato un cambiamento significativo nell'atteggiamento dei consumatori musulmani nei confronti dei marchi halal. Sebbene la certificazione halal sia importante per stabilire le credenziali, questa da sola non è più sufficiente per persuadere i giovani musulmani dell'integrità del marchio. Preferiscono un marchio che offre soluzioni oltre gli aspetti halal senza perdere di vista l'integrità halal. Sono anche più interessati alla provenienza del marchio e alle aziende dietro questo marchio.

Questi giovani musulmani sono istruiti, esperti di tecnologia, connessi e pronti a impegnarsi. Usano la conoscenza del mondo e le esperienze per migliorare le loro vite e le persone che li circondano. Dal momento che sono esperti di tecnologia e rimangono connessi attraverso i social media, non sono timidi nell'usare la tecnologia per condividere e portare avanti le idee oltre i propri confini geografici e culturali. Questo era molto evidente durante la rivolta della Primavera Araba. Ciò ha implicazioni significative sui prodotti halal poiché questa nuova generazione di consumatori musulmani ha il potere di influenzare la commerciabilità di qualsiasi prodotto o servizio attraverso l'uso dei social media.

Un rapporto di Ogilvy Noor ha anche rivelato che questo nuovo gruppo di consumatori musulmani instaura una relazione profonda con i marchi e cerca marchi che abbraccino valori importanti come umiltà, trasparenza, purezza e solidarietà. Un altro studio di mercato di JW Thompson ha mostrato che i giovani musulmani sono più attenti al marchio. Il rapporto ha rilevato che oltre l'80%

desidera acquistare marchi che supportano la propria identità musulmana o culturale, mentre il 75% acquisterebbe un marchio che li faccia sentire parte della comunità più ampia. Nel complesso, il nuovo gruppo di consumatori musulmani è più dinamico nei gusti, nelle preferenze e nei valori, ma mantiene una forte identità con l'Islam e la sua cultura. Un altro importante cambiamento nello stile di vita del musulmano è l'inclinazione per la convenienza, il Alimentare pronto a mangiare piuttosto che cucinare da zero. Hanno anche un gusto più sofisticato nel Alimentare, creando così una domanda di prodotti halal di fascia alta. L'evoluzione del gusto dei consumatori e queste tendenze mutevoli non solo promettono una crescente domanda di cibi halal, ma richiedono anche una diversificazione del mercato halal con particolare attenzione all'origine degli ingredienti, ai benefici per la salute e alla qualità. Pertanto, l'innovazione nei prodotti halal non è guidata solo dai consumatori musulmani più ricchi, ma anche dal loro crescente interesse per prodotti sicuri e di alta qualità.

4- L'economia Halal

Il valore dell'industria halal è quasi il doppio dell'industria dei servizi finanziari islamici. Ma fino a tempi molto recenti, le due industrie si sono sorprendentemente sviluppate indipendentemente l'una dall'altra. Ciò implica che i musulmani ordinari sono più interessati a ciò che mangiano o indossano che all'" halalness " dei prodotti finanziari che utilizzano. Vi è, tuttavia, una crescente consapevolezza che entrambi hanno bisogno l'uno dell'altro per la loro rispettiva crescita e sviluppo. Ad esempio, le istituzioni finanziarie islamiche sono alla ricerca di autentici beni islamici (che al momento sono scarsi); ei produttori e produttori halal hanno un serio bisogno di capitale. Poiché la maggior parte dei

produttori halal sono piccole e medie imprese, non sono in grado di beneficiare dei mercati dei capitali che nel complesso favoriscono le grandi società. I mercati dei capitali islamici hanno anche favorito le grandi società, sia attraverso investimenti azionari (sia privati che pubblici) o attraverso l'emissione di sukuk.
Esiste, tuttavia, una reale opportunità per entrambi i settori di trarre vantaggio l'uno dall'altro. L'industria halal può assorbire efficacemente tutti i finanziamenti disponibili dalle istituzioni finanziarie islamiche. Vi sono alcuni primi segnali di comprensione della necessità di convergenza in questi due settori. Anche la Malesia, che è un centro globale di eccellenza per l'industria dei servizi finanziari islamici, sta emergendo come leader nella promozione di beni e servizi halal. Affinché la convergenza acceleri, dovrebbero essere forniti incentivi ai produttori di halal per mantenere un bilancio conforme alla Shari'ah . Al momento, la maggior parte dei produttori halal non sono clienti o utenti di finanza islamica. Ciò è principalmente dovuto al fatto che gli utenti di beni e servizi halal non sono necessariamente coloro che si abbonano ai servizi finanziari islamici, a causa della dicotomia tra "Islam dei consumatori" e "Islam finanziario". Pertanto, le società già impegnate nel settore halal non sono obbligate ad adottare la finanza islamica. Poiché circa l'80% delle aziende che producono prodotti halal sono controllate da non musulmani, non c'è alcun impulso religioso per loro di partecipare alla finanza islamica. Nella maggior parte dei paesi, il finanziamento convenzionale è ben consolidato e le aziende produttrici di halal tendono ad essere contrarie al passaggio a meno che non vi siano sostanziali vantaggi economici o monetari.

La convergenza tra i due settori è inevitabile, ma sarà in gran parte guidata dalla regolamentazione, sebbene entrambi i settori siano generalmente guidati dalla grande domanda. Una volta che la concorrenza nel settore halal aumenterà, si prevede che la convergenza diventerà un fenomeno guidato dall'offerta, poiché molti produttori di halal inizieranno a commercializzarsi non solo come halal ma anche conformi alla Shari'ah . Ci sono alcuni sviluppi iniziali verso questo fenomeno dal lato dell'offerta. Un esempio è l'emergere di piattaforme commerciali multilaterali conformi alla Shari'ah , che tentano di concentrarsi sulla fornitura di prodotti del mercato dei capitali di denuncia della Shari'ah alle società halal di piccole e medie dimensioni. Shari'ah UMEX (che deve essere ancora operativa) a Londra rappresenta una tale tendenza. La convergenza sinergica di queste due industrie potenti e in rapida crescita costituirà la base di una nuova economia halal. Una forza di mercato in crescita Secondo un rapporto delle Nazioni Unite, l'Islam è la seconda religione più grande dopo il cristianesimo. Le statistiche delle Nazioni Unite hanno registrato una crescita annuale dei musulmani di circa il 6,4% rispetto all'1,46% del cristianesimo. Secondo le stesse statistiche, 1 persona su 5 in questo mondo è musulmana per nascita o geografia. Sulla base delle statistiche precedenti, i musulmani presentano un enorme mercato globale per i prodotti e servizi halal e poiché i musulmani in generale aderiscono fortemente ai principi religiosi e sono sempre più particolari e sensibili riguardo all'halalità del loro stile di vita, in particolare il Alimentare, la prospettiva del mercato halal è enorme. Pertanto, per sfruttare la vasta opportunità che presenta l'industria halal, diversi aspetti riguardanti il concetto halal devono essere considerati da tutti, compresi gli uomini d'affari non musulmani. Le seguenti misure presentano un approccio vincente per il settore del business halal per ottenere un vantaggio competitivo in questo mercato promettente e redditizio . I musulmani rappresentano circa il 23% della popolazione mondiale o circa 1,8 miliardi di consumatori con un tasso di crescita medio del 3% annuo. Questo mercato offre un enorme potenziale per aziende, organizzazioni e altri, dall'ovest e dai paesi musulmani, ed è su un percorso di forte crescita. Si prevede che la popolazione musulmana globale crescerà di circa il 35% nei prossimi 20 anni, passando da 1,6 miliardi nel 2010 a 2,2 miliardi entro il 2030, ovvero il 26,4% della popolazione mondiale totale prevista di 8,3 miliardi. Entro il 2050, la popolazione musulmana potrebbe crescere fino a 2,6 miliardi e rappresentare quasi il 30% della popolazione globale prevista. Inoltre, entro il 2030, si prevede che 79 paesi conterranno un milione o più di residenti musulmani, rispetto agli attuali 72 paesi. Anche se molti dirigenti d'azienda occidentali potrebbero non rendersene conto, la maggioranza dei musulmani del mondo (più del 60 per cento) continuerà a vivere nella regione dell'Asia del Pacifico, mentre circa il 20 per cento vivrà in Medio Oriente e Nord Africa. I musulmani rimarranno minoranze relativamente piccole in Europa e nelle Americhe, ma costituiranno una quota crescente della popolazione totale in queste regioni. Per avere successo in Asia, così come in Medio Oriente e Nord Africa, le aziende occidentali devono imparare a comprendere e affrontare il mercato musulmano su larga scala.

Un fattore demografico rende il mercato musulmano particolarmente attraente per una varietà di aziende: è in gran parte giovane e fa parte di una classe media emergente sulla strada per maggiori consumi. La dottrina islamica, in generale, non è ascetica e non scoraggia il commercio o il consumismo. Allo stesso modo, non divide lo stato dalla religione, il che significa che i musulmani praticano la loro fede di pari passo con i ruoli politici, sociali e culturali che svolgono nella società. Nei paesi a maggioranza e minoranza islamica in Asia, Medio Oriente, Africa ed Europa, l'attività commerciale sta aumentando , con il commercio islamico attualmente stimato in trilioni di dollari. Il mercato musulmano è grande, redditizio e poco servito. Ha già attirato l'attenzione di molte multinazionali occidentali. Nestlé sta producendo molti dei suoi marchi utilizzando processi Halal e collaborando con agenzie di accreditamento Halal per accelerare la crescita nei mercati islamici. Nel 2008, Nestlé ha realizzato un fatturato di 5,2 miliardi di dollari solo con i prodotti Halal. Diverse catene di fast food occidentali, tra cui Nandos , Burger King e Subway, stanno aprendo più punti vendita che servono prodotti Halal e i produttori di prodotti per la cura personale e cosmetici come Unilever e L'Oreal hanno adattato le loro formulazioni e il marketing e hanno introdotto prodotti e campagne per guadagnare la lealtà di uno dei segmenti in più rapida crescita nel mondo in via di sviluppo: le donne musulmane della classe media. Ma accanto a queste immense opportunità, le aziende affrontano sfide di comunicazione quando si avvicinano ai mercati musulmani e possono rischiare una reazione negativa dei consumatori nei loro mercati interni, sulla base di preconcetti e disinformazione. Nel novembre 2010, ad esempio, KFC ha assistito a una reazione negativa dei consumatori quando i notiziari hanno annunciato che alcune delle sue filiali nel Regno Unito si erano convertite a un menu solo halal. È rapidamente emerso un gruppo su

Facebook con diverse migliaia di membri che protestavano contro una presunta imposizione di pratiche Halal al pubblico del Regno Unito. La questione è stata ulteriormente aggravata quando la discussione si è spostata sulla natura del massacro di Halal ed è entrato nella discussione un linguaggio immensamente dannoso. In effetti, questo tipo di contraccolpo si verifica regolarmente quando le aziende entrano nello spazio musulmano. In molti casi, il contraccolpo proviene da non musulmani e si manifesta nei media o, sempre più, attraverso le piattaforme digitali. Le aziende che non considerano pienamente queste sfide di comunicazione – dal mercato musulmano o dal pubblico più ampio – espongono la propria reputazione a danni considerevoli. Le aziende stanno comprendendo la grande opportunità che rappresenta il consumatore musulmano. Ma affrontare questo mercato non è così semplice come affrontare altri mercati di consumo di miliardi di abitanti come l'India e la Cina. Tanto per cominciare, la comunità musulmana non è un unico gruppo omogeneo. I musulmani vivono in tutti i paesi del mondo, rappresentano ogni razza e provengono da ogni strato sociale ed economico. E sebbene condividano il filo comune delle loro convinzioni, hanno le loro sfumature, preferenze e pratiche culturali, regionali o locali. Sebbene l'Islam sia spesso associato al mondo arabo e al Medio Oriente, questa regione ospita solo il 20% della popolazione musulmana mondiale. Questo numero dovrebbe crescere di oltre un terzo nei prossimi due decenni. L'Africa subsahariana rappresenta il 15% dei musulmani in tutto il mondo e si prevede che crescerà di quasi il 60% nei prossimi due decenni. Circa un quinto dei musulmani vive in un paese o in una regione in cui sono una minoranza. Sebbene i musulmani rimarranno un gruppo minoritario in Europa e nelle Americhe, costituiranno una quota crescente della popolazione totale.5 Si prevede che la comunità musulmana europea aumenterà di quasi un terzo da 44,1 milioni nel 2010 a 58,2 milioni nel 2030. Nelle Americhe, il numero di musulmani dovrebbe raddoppiare nello stesso periodo.

Il consistente e crescente mercato dei consumatori musulmani in tutto il mondo continuerà ad alimentare la crescita a doppia cifra dell'industria halal , creando una pletora di opportunità nel mercato dei prodotti e servizi halal. La crescente consapevolezza dei consumatori musulmani sui loro obblighi religiosi ha anche contribuito alla crescente domanda di prodotti e servizi halal. La demografia dei musulmani ha subito un cambiamento significativo negli ultimi anni. Ora c'è un'ondata di fervore religioso tra la classe sociale emergente di musulmani giovani, altamente istruiti, esperti e benestanti, che abbraccia un "contemporaneo islamico con uno stile di vita globale". Questa nuova generazione di musulmani predilige i prodotti in stile occidentale e aspira a uno stile di vita moderno man mano che diventano più integrati nell'economia globale come consumatori, dipendenti, viaggiatori, investitori, produttori, rivenditori e commercianti. Ciò ha creato una domanda mondiale di prodotti e servizi tradizionali conformi ai valori islamici. La diversità del consumatore musulmano può rivelarsi una sfida per coloro che vedono i mercati come aree geografiche e per i quali il concetto di una coscienza islamica che opera attraverso le frontiere del mercato è estraneo. Né l'economia musulmana può essere definita così facilmente come altri mercati transfrontalieri come la "green economy" o il "dollaro rosa". L'economista Ben Simpfendorfer suggerisce che i forti legami culturali e storici tra il mondo musulmano e quello non musulmano stanno iniziando a venire alla ribalta. Fa l'esempio della Cina come paese che sta affrontando l'opportunità musulmana. Nel suo libro "The New Silk Road", cita l'esempio della città di Yiwu , dove si stima che circa 200.000 cittadini arabi visitino la città costiera cinese ogni anno perché vanta il più grande mercato all'ingrosso di beni di consumo in Cina. Ciò che distingue Yiwu è che ha reso conveniente il commercio, in particolare per gli acquirenti musulmani dal Medio Oriente e oltre. Oltre ai prodotti che attraggono i consumatori musulmani, il successo di Yiwu risiede in un approccio a braccia aperte che il governo cinese ha mostrato ai commercianti e ai consumatori musulmani. Il governo ha costruito una sala di preghiera per quasi 10.000 fedeli, il Alimentare halal è facilmente disponibile, mentre i religiosi nominati e sovvenzionati dal governo guidano le preghiere, questo in un momento in cui i governi occidentali stanno interrogando i minareti delle moschee (Svizzera) o incontri di preghiera (Francia). Per i marchi che trovano il modo di abbracciare e coinvolgere il consumatore musulmano, i premi sono ricchi. E comunicazioni intelligenti e convincenti giocheranno un ruolo fondamentale nel prendere di mira un mercato di consumo che rappresenta già quasi un quarto dell'umanità.

Molto è già stato scritto sulla finanza islamica e sull'opportunità Halal, e in modo più approfondito di quanto non copriamo. Il nostro scopo in questo rapporto è segnalare lo sviluppo dell'opportunità, evidenziare dove si trova il potenziale maggiore e analizzare le questioni di comunicazione e reputazione di cui le aziende devono essere consapevoli. Sebbene il mercato abbia molte sfaccettature e

segmenti di nicchia, la comprensione del termine generico "Halal" è fondamentale per avvicinarsi a questo mercato.
La più grande opportunità all'interno del mercato Halal è senza dubbio il Alimentare, che è anche il luogo in cui si trova la sfida più grande. Infatti, il termine Halal è diventato sinonimo, in alcuni paesi di minoranze musulmane, di Alimentare ed è quasi universalmente associato alla macellazione rituale (o Zabiah) degli animali. Ciò ha ristretto il discorso su Halal, limitando l'attenzione di molte organizzazioni e contribuendo a incomprensioni e problemi di reputazione . Dal punto di vista di alcuni non musulmani, Halal va contro la sensibilità generale richiedendo che tutto il sangue venga estratto dalla carne (più o meno allo stesso modo del Alimentare kosher). Quindi, Halal, per alcuni tipi di pubblico, è diventata una parola negativa. Ma, date le dimensioni del mercato e la relativa facilità con cui il Alimentare può essere "convertito" in Halal, alcune aziende hanno introdotto silenziosamente "Halal by stealth". Ma questo ha solo esacerbato il problema e, nell'ottica di questo rapporto, ha frenato la più ampia disponibilità e accettazione dei prodotti Halal.
I media si sono affrettati a cogliere questa tendenza in crescita, criticando le aziende che si sono convertite ai prodotti Halal senza informare i consumatori. Ciò ha spesso portato a respingimenti da parte dei consumatori e, allo stesso tempo, ha danneggiato la reputazione delle aziende e il mercato halal. Ad esempio, nel Regno Unito, Kellogg's è stato criticato dai media per aver incluso la certificazione Halal sulle scatole di cereali senza annunciare formalmente che il prodotto è conforme a Halal. Le critiche a Kellogg's si sono rapidamente estese a un attacco al Alimentare halal in generale.

Il direttore marketing di un'importante catena di fast food ha spiegato la sfida che la sua azienda deve affrontare con Halal: "Sappiamo che il mercato Halal è enorme e il potenziale è grande, ma ci sono anche sfide che ci hanno impedito di sostenere a pieno titolo Halal. A parte i grandi problemi della certificazione Halal e la diversità del mercato in generale, la sfida che affrontiamo sempre è bilanciare le esigenze dei consumatori della minoranza musulmana con gli altri nostri consumatori. Ci troviamo di fronte a una corda tesa nella comunicazione e a un contraccolpo se i nostri principali consumatori credono di essere alimentati con prodotti Halal. C'è una grande resistenza all'Halal ed è principalmente dovuto a un malinteso su cosa sia l'Halal. La maggior parte dei consumatori associa ancora Halal alla macellazione rituale e si sente a disagio per il fatto che la religione venga "iniettata" nei loro prodotti. Il problema più grande è la mancanza di comprensione".

In breve, Halal offre una grande opportunità per rivolgersi a un mercato relativamente non sfruttato, ma solo se fatto correttamente. Da un lato, il mercato musulmano deve essere sicuro che il prodotto Halal sia genuino e autentico. Come afferma l'autore di un blog Knowledge@Wharton : "Lo stato halal dovrebbe essere preservato, non utilizzato in modo improprio. Se i consumatori perdono fiducia nello stato Halal del prodotto (sic), non continueranno ad acquistarlo". D'altra parte, il pubblico non musulmano ha bisogno di un'opportunità per comprendere Halal in modo non emotivo.

5- Il principio scientifico di Halal

La vita moderna è ampiamente influenzata dalla scienza e dalla tecnologia e, di conseguenza, ciò ha avuto un impatto sull'aspetto halal delle attività quotidiane. È nella natura umana desiderare tutto ciò che è buono nella vita sotto forma di abbigliamento, Alimentare, alloggio, interazione con gli altri esseri umani e un ambiente sano. Nell'Islam, tutto ciò che è halal porta bontà e prosperità per l'umanità non è dannoso per la vita e, in effetti, eleva l'uomo a un livello più alto in questo mondo. D'altra parte, qualcosa che è haram è percepito come fisicamente e spiritualmente impuro, inferiore e difettoso, tratti che sono naturalmente ripugnanti per l'umanità. Qualsiasi cosa haram costituisce elementi nocivi che influiscono sulla psicologia dell'uomo e sul suo benessere fisico. La ricerca che integra il concetto halal con la scienza si concentra sui benefici universali, la disposizione naturale dell'uomo, la salute, la pulizia e la qualità. Il concetto halal racchiude la natura universale dell'Islam. Pertanto, la ricerca scientifica relativa al concetto halal è lodevole.

Rispettare le credenze degli altri: i produttori alimentari non musulmani devono essere consapevoli e rispettare le credenze ei principi musulmani riguardanti l'halal che includono Alimentare, vestiti, transazioni finanziarie e altro. Fa parte di un sistema di credenze e di un codice morale di condotta parte integrante della vita quotidiana dei musulmani. Pertanto, non sarebbe saggio e dannoso per i produttori sfidare di proposito i musulmani introducendo elementi non halal nel Alimentare, nell'abbigliamento e nei servizi dichiarati halal, poiché ciò eroderà la fiducia dei consumatori e di conseguenza diminuirà l'integrità di questi prodotti e rappresentano una sfida per la crescita di questo mercato.

Comprendere i principi dell'halal: gli sviluppi e le tendenze globali oggi testimoniano una tendenza crescente di persone di credenze diverse a familiarizzare con le credenze religiose

degli altri e con essa arriva la consapevolezza dell'importanza di prodotti e servizi conformi alla Shari'ah o halal. Halal viene riconosciuto come un nuovo punto di riferimento per la sicurezza, l'igiene e la garanzia della qualità anche dai consumatori non musulmani. Poiché il concetto di halal va al di là del consumo e non è più una questione puramente religiosa, ma abbraccia affari e commercio, è essenziale che il concetto sia pienamente compreso e considerato da una prospettiva più ampia, in particolare dai venditori di beni di consumo, siano essi alimentari o categorie di prodotti o servizi non alimentari. Comprendere cosa costituisce l'halal è importante perché man mano che i consumatori diventano più religiosi o consapevoli dell'halal, cercheranno prodotti o servizi che soddisfino i loro bisogni religiosi. Pertanto, è pertinente che i produttori comprendano il concetto ei principi di halal e adottino normative e standard di qualità rigorosi nella produzione di prodotti e servizi halal al fine di capitalizzare questa nicchia di mercato.
Le parti interessate di ogni aspetto dell'industria halal dovrebbero conoscere tutta la portata dei prodotti halal che comprendono varie fasi dalla lavorazione, confezionamento, conservazione, trasporto e cottura, ad esempio nella produzione di pollo halal. L'aspetto halal parte dal mangime per polli che coinvolge i produttori di mangime per polli. È loro responsabilità preparare gli ingredienti alimentari halal per coloro che si occupano di allevamento di polli. Il mangime per polli non deve provenire da una fonte illegale nell'Islam come carne di maiale, animali morti non adeguatamente macellati, bevande mescolate con alcol o qualcosa che è impuro e considerato haram nell'Islam. Dal punto di vista dell'imballaggio, anche il pacco deve essere di materiale halal. Anche il suo sistema di consegna deve essere

chiaro e non dubbio. Ad esempio, gli ingredienti del mangime per polli non devono essere mescolati con prodotti illegali durante la consegna.

Dare priorità alle esigenze dei consumatori halal: il miglioramento della ricerca e dello sviluppo per esplorare nuovi prodotti e migliorare i processi coinvolti nella catena industriale halal incoraggerà la crescita in questo settore. Coloro che sono coinvolti nel settore halal dovrebbero cercare costantemente prodotti innovativi e aggiornare le proprie capacità tecnologiche per ottenere la fiducia e la soddisfazione dei clienti. Comprendere e poeticizzare le esigenze dei clienti è importante in qualsiasi attività commerciale, a maggior ragione nel settore halal, dove l'adempimento dello standard halal è rigoroso. Coloro che sono coinvolti nell'industria halal devono essere consapevoli che i loro clienti musulmani sono vincolati dai requisiti halal nelle loro faccende quotidiane ed è nel loro migliore interesse fornire il miglior servizio ai loro clienti.

Occorre, quindi, sottolineare che la salubrità di un prodotto inizia dall'inizio della sua preparazione. Nella produzione di pollo halal, ad esempio, la catena di approvvigionamento e il processo di produzione devono essere conformi alla Shari'ah in tutte le fasi. L'aspetto halal inizia dal mangime del pulcino. Ciò coinvolge i produttori di mangimi per polli. È loro responsabilità preparare gli ingredienti alimentari halal per coloro che si occupano di allevamento di polli. Il mangime per polli non deve provenire da una fonte illegale nell'Islam come essere mescolato con carne di maiale, animali morti non adeguatamente macellati, bevande mescolate con alcol o qualsiasi cosa considerata impura dal punto di vista dell'Islam. Dal punto di vista dell'imballaggio, il pacco deve essere realizzato in materiale halal. Allo stesso modo, anche il trasporto del mangime deve essere conforme alla Shari'ah . Il mangime per polli, ad esempio, non deve essere conservato insieme a prodotti illegali. In breve, è estremamente importante garantire che lungo tutta la catena di approvvigionamento siano soddisfatti i requisiti halal.

Applicazione degli atti halal: il governo malese ha emanato molti atti per proteggere gli interessi dei consenzienti halal. Questi atti regolano e controllano l'industria halal. È un reato per legge etichettare erroneamente un Alimentare, come halal o utilizzare qualsiasi segno o contrassegno halal su prodotti alimentari specifici che indichino che tale Alimentare è halal quando in realtà non lo è. Occorre prestare seria attenzione all'attuazione e all'applicazione di questi atti da parte di tutte le parti coinvolte nell'industria halal. Il personale qualificato e impegnato deve essere messo a disposizione per garantire che l'industria soddisfi i severi requisiti halal in tutte le fasi della produzione e dei servizi. Pesanti sanzioni devono essere inflitte come deterrente a coloro che disobbediscono a questi atti.

Fornitura di formazione agli ufficiali di scienza halal: per formare il personale di scienza halal devono essere messe a disposizione adeguate disposizioni in termini finanziari e di strutture. La formazione deve includere non solo gli aspetti teorici del concetto ma anche gli aspetti pratici dell'halal. Devono essere guidati da esperti del settore e dai centri di formazione dotati delle ultime tecnologie. Il posizionamento di questi ufficiali addestrati nei vari settori coinvolti con la produzione alimentare halal, la produzione alimentare, l'imballaggio e la consegna creerà un sistema di garanzia halal.

Corsi di principio sull'halal: le istituzioni educative devono essere incoraggiate a incorporare corsi sulla scienza halal nel loro curriculum per preparare una piattaforma per una conoscenza completa e integrata del concetto halal. Le scienze halal si riferiscono alla conoscenza scientifica con un programma multidisciplinare basato sul concetto halal o sulla struttura halal.

L'esposizione al concetto halal basato sulle moderne conoscenze scientifiche in tenera età è vantaggiosa non solo per gli studenti ma anche per l'industria. La consapevolezza dei benefici dell'halal per il benessere dell'uomo incoraggerà la popolazione ad aderire ai principi dell'halal in tutti gli aspetti della propria vita. Comprendere che il prodotto finanziario halal ha molteplici vantaggi senza oppressione negli affari promuove rapporti onesti nelle transazioni commerciali, la consapevolezza sulla socializzazione halal può aiutare a evitare mali sociali e arginare i bambini nati fuori dal matrimonio e di conseguenza riduce l'abbandono dei bambini. Incorporando la scienza halal nel curriculum, l'industria halal sarà in grado di gestire meglio la propria attività halal con manodopera esperta.

III. Segmenti di Halal

Va innanzitutto affermato che il sistema alimentare e di consumo islamico è diverso e unico rispetto ad altri sistemi dietetici etnici. La comunità mondiale ha ora iniziato a comprendere l'importanza della richiesta dei musulmani per il Alimentare e altri consumi noti come halal. Il mercato degli alimenti e dei prodotti halal certificati è in forte crescita, sia a livello nazionale che internazionale. Sebbene il termine halal non abbia mai attirato tanta attenzione come in tempi recenti, oggi, ovunque ci siano consumatori musulmani i cui gusti e preferenze sono regolati dalle regole halal sulle specifiche alimentari, esiste un mercato alimentare halal. Ogni musulmano deve assicurarsi che ciò che mangia provenga da una fonte halal. Questo non significa solo controllare gli ingredienti in sé, ma anche garantire che l'intero processo sia conforme ai principi della Shari'ah .

1- Alimentare

Ciò che i musulmani possono mangiare e bere sono stati i principi fondamentali dell'Islam da quando il Santo Corano è stato rivelato al Profeta Muhammad (PBSL). Nel mondo moderno, ciò che gli esseri umani consumano è diventato sempre più teso a causa della commercializzazione, dell'agricoltura industriale e della negligenza. Il Alimentare che potrebbe essere facilmente ricondotto alla sua fonte, dalla fattoria alla tavola , è diventato una rarità a causa degli ingredienti provenienti da tutto il mondo. Questo è stato motivo di preoccupazione per i musulmani per assicurarsi che il loro Alimentare fosse Halal, o consentito, ma anche Tayyib , o puro. Le popolazioni musulmane a livello globale hanno speso circa 1,24 trilioni di dollari in Alimentare e bevande (F&B) nel 2016, una crescita del 6,2% rispetto all'anno precedente, e si prevede che raggiungerà 1,93 trilioni di dollari entro il 2022, un CAGR del 7,6% dal 2016. Con 1,7 miliardi di musulmani in tutto il mondo, e le comunità musulmane sempre più ricche e considerevoli nei paesi delle minoranze musulmane, le aziende hanno risposto alla domanda di Alimentare e bevande halal (F&B). Allo stesso tempo, c'è stata una convergenza con la domanda di Alimentare di qualità da parte dei consumatori non musulmani che desiderano Alimentare biologico e di provenienza sostenibile. Ciò ha portato il Alimentare halal a diventare sempre più popolare tra i non musulmani, come in Cina e in Europa, mentre i produttori di Alimentare halal soddisfano la tendenza sia per il Alimentare religiosamente consentito che per il Alimentare biologico. Questa è stata una ricetta per il successo in molti mercati, in particolare negli Stati Uniti e nel Regno Unito. I nuovi entranti continuano a lanciare nuovi prodotti e gamme, mentre le multinazionali offrono anche ingredienti e prodotti certificati Halal, consentendo all'intero ecosistema Halal Food di svilupparsi ulteriormente. Le multinazionali hanno ugualmente effettuato importanti investimenti nei mercati OIC, come Unilever che ha investito 33,3 milioni di dollari nelle sue operazioni Halal nel sud-est asiatico. Anche i fondi di investimento di private equity e sovrani sono stati particolarmente attivi nel finanziamento delle società Halal Food. Indicativo della maturità del settore è che l'offerta di prodotti si è ampliata ben oltre la carne halal per includere caramelle halal, pasti pronti, snack e alimenti per bambini. I prodotti Halal Food sono ora ampiamente disponibili sugli scaffali dei supermercati di tutto il mondo, con una popolarità ulteriormente guidata dai rivenditori online. Il potenziale delle vendite online è rafforzato da artisti del calibro del sito di e-commerce Aladdin Street che firma una partnership quinquennale con la squadra di calcio del Manchester United.

Nonostante tali sviluppi positivi, la mancanza di uno standard Halal universale ha frenato l'espansione del settore. Tuttavia, sono in corso sforzi per armonizzare le pratiche di accreditamento Halal, come l'International Halal Accreditation Forum istituito negli Emirati Arabi Uniti nel 2016.

Con la spesa musulmana per F&B che cresce quasi del doppio rispetto alla crescita globale, il settore presenta notevoli opportunità poiché i consumatori musulmani desiderano una maggiore diversità in termini di cucina, sapori e offerte di prodotti. Con la spesa musulmana per Alimentare e bevande prevista per raggiungere 1,93 miliardi di dollari entro il 2022 e la popolazione musulmana eccezionalmente giovane e in crescita, Halal Food rimarrà un motore fondamentale della crescita nell'economia islamica.

Spinto dalla crescente domanda, il mercato alimentare halal continua a costruire il suo slancio lungo la catena di approvvigionamento alimentare globale. Il rapporto sullo stato dell'economia islamica globale 2017/18 stima che le popolazioni musulmane a livello globale abbiano speso un totale di 1,24 trilioni di dollari in Alimentare e bevande (F&B) nel 2016, il 17% delle spese del mercato globale, per un totale di 7,3 trilioni di dollari. Si tratta di una crescita del 6,2% rispetto all'anno precedente e si confronta molto favorevolmente con la crescita del mercato globale del 3,7%.

La spesa musulmana per F&B dovrebbe raggiungere $ 1,93 trilioni entro il 2022, un CAGR del 7,6% rispetto al 2016. Il mercato musulmano per F&B al primo posto è la Cina ($ 871 miliardi), davanti a Stati Uniti ($ 785 miliardi), Giappone ($ 389 miliardi), e India ($ 357 miliardi). I paesi musulmani con la spesa più alta per Alimentare e bevande nel 2016 sono stati Indonesia ($ 170 miliardi), Turchia ($ 121 miliardi), Pakistan ($ 112 miliardi), Egitto ($ 81 miliardi), Bangladesh ($ 71 miliardi), Iran ($ 61 miliardi) e Arabia Saudita ($ 51 miliardi). In confronto, si tratta di un aumento del 4,7% rispetto alla spesa per alimenti e bevande musulmana del 2013 pari a 1.081 miliardi di dollari (che riflette la metodologia delle proiezioni rettificate). La spesa alimentare musulmana dovrebbe crescere fino a 1.585 miliardi di dollari di mercato entro il 2020 e rappresenterà il 16,9% della spesa globale. Ciò equivale a una crescita del CAGR 2014-20 del 5,8%.

Sulla base del consumo alimentare totale, i primi paesi con consumo di Alimentare musulmano sono Indonesia ($ 158 miliardi), Turchia ($ 110 miliardi), Pakistan ($ 100,5 miliardi) e Iran ($ 59 miliardi) in base alle stime del 2014. In confronto, il mercato globale collettivo di prodotti alimentari e bevande musulmano è maggiore del consumo di prodotti alimentari e bevande dei principali mercati geografici nel 2014, come Cina ($ 797,8 miliardi), Stati Uniti ($ 741,2 miliardi), Giappone ($ 367,3 miliardi) e India ($ 335,7 miliardi). Geograficamente il 16% del consumo di Alimentare musulmano è nei paesi non membri dell'OIC. Una testimonianza della forza di questo settore è che il successo del mercato alimentare Halal rimane costante in diverse culture e continenti. In Malesia, Nestlé Malaysia e il suo Centro di Eccellenza Halal sono diventati i maggiori produttori di prodotti Halal al mondo. Negli Stati Uniti d'America, Saffron Road con i suoi prodotti halal e biologici è diventata il modello di successo per aspiranti imprenditori musulmani e non. Dall'Asia all'America, il settore alimentare Halal sta diventando una delle principali fonti di crescita sia nell'economia islamica che in quella globale in generale. Naturalmente, ci sono anche sfide. C'è una lotta continua per gli standard alimentari Halal e l'accreditamento, con una maggiore istruzione richiesta su tali argomenti nei paesi dell'OIC. Il recente divieto di macellazione Halal e Kosher in Danimarca, insieme alle storie spaventose sul Alimentare Halal nei media, riflettono un atteggiamento attuale prevalente in Europa e sempre più negli Stati Uniti che è sospettoso dei costumi e dei rituali musulmani e islamici nella pubblica piazza. Impegnarsi e superare queste sfide sarà fondamentale per il futuro successo del settore alimentare halal.

Il mercato halal sta emergendo come una delle arene di mercato più redditizie e influenti nel settore alimentare mondiale di oggi. Il mercato alimentare halal è cresciuto fortemente negli ultimi dieci anni e ora vale circa 667 milioni di dollari. Il Alimentare halal rappresenta quasi il 20% dell'intera industria alimentare globale. Con l'aumento previsto sia della popolazione che del reddito dei consumatori halal e insieme all'aumento previsto della domanda di Alimentare di oltre il 70% entro il 2050, la futura domanda di Alimentare halal è forte.

Molti economisti alimentari ipotizzano che l'industria alimentare halal diventerà una delle principali forze di mercato nel prossimo futuro sulla base di quattro tendenze prevalenti. In primo luogo, l'Islam è ora la religione in più rapida crescita nel mondo, alimentando così una domanda globale di prodotti halal. La crescita annuale del consumo di Alimentare halal è stimata al 16%. In secondo luogo, la crescente tendenza al consumo di prodotti alimentari halal per motivi etici e di sicurezza da parte dei consumatori non musulmani. Nel Regno Unito, ad esempio, ci sono oltre 2 milioni di musulmani, ma ci sono 6 milioni di consumatori di carne halal. Nei Paesi Bassi, i consumatori olandesi non musulmani hanno mostrato un forte interesse per il Alimentare halal, dove si stima che la domanda totale raggiunga circa 3 miliardi di dollari su base annua. Questi due fattori combinati hanno reso i prodotti halal beni di consumo tradizionali. Il terzo è il crescente potere dei consumatori halal come forza di mercato in tandem con la crescita della popolazione musulmana e il loro reddito disponibile in aumento. Infine, c'è una maggiore consapevolezza tra i musulmani sulla necessità e necessità di consumare solo Alimentare halal. Un buon esempio di tale crescente consapevolezza dei consumatori è il rapido aumento delle vendite annuali di Alimentare halal in tutta la Russia e la crescente domanda di prodotti halal tra il 30% e il 40% annuo.

Fino a un decennio fa, i prodotti alimentari halal venivano offerti nei tradizionali negozi all'angolo e nelle macellerie di quartiere. Il mercato halal ha assistito a un cambiamento universale nella domanda e nelle catene di approvvigionamento di prodotti alimentari halal. Sono sempre più disponibili nei negozi di alimentari in stile occidentale, inclusi supermercati e catene di ipermercati. In molti paesi occidentali, supermercati e produttori alimentari stanno iniziando a rivolgersi ai consumatori musulmani offrendo una più ampia selezione di prodotti alimentari halal. Il Alimentare halal sta diventando una parte crescente della dieta occidentale ed è diventato un'industria globale multimiliardaria che coinvolge multinazionali come Tesco, Unilever e Nestlé che hanno ampliato in modo aggressivo le loro linee di prodotti certificati halal. Ad oggi, nestle è il più grande produttore alimentare nel settore halal con un fatturato annuo di oltre 5 miliardi di dollari. Il Alimentare halal rappresenta circa il 35% delle vendite globali di Nestlé. Dal punto di vista del mercato, i principali mercati target tradizionali rimangono in Asia e Medio Oriente. Tuttavia, i mercati halal nel Regno Unito, in Europa e negli Stati Uniti vedranno il loro ruolo nello sviluppo del mercato halal notevolmente migliorato poiché sono mercati che svolgono ruoli determinanti in altri mercati in tutto il mondo. Porterà l'halal nel mainstream globale. Mentre le dinamiche all'interno del mondo musulmano cambiano e le tendenze della globalizzazione continuano a plasmare i gusti, le abitudini e i modelli di spesa dei consumatori in tutto il mondo; è altamente probabile che i mercati halal in via di sviluppo avranno ruoli sempre più influenti nei mercati consolidati del Medio Oriente e dell'Asia, in particolare influenzando le strategie halal aziendali globali.

Non sorprende che i maggiori produttori ed esportatori di Alimentare halal si trovino in paesi non musulmani come Stati Uniti, Brasile, Argentina, Australia e Cina. A causa della natura tradizionale del mercato, si stima che le multinazionali di questi paesi controllino il 90% del mercato halal globale. In Malesia, ad esempio, i consumatori musulmani hanno speso in media il 14% del loro budget alimentare per la carne. Il 60% della carne halal viene importata da India, Australia e Nuova Zelanda. Anche altri paesi musulmani, tra cui Arabia Saudita, Algeria ed Egitto, importano carne da paesi non musulmani per soddisfare la loro domanda di consumo

locale. Paesi come Brasile, Argentina, Nuova Zelanda e Australia si sono affermati come leader di mercato nell'esportazione di carne halal e pollame.
I prodotti alimentari halal non si limitano alla carne e al pollame, compresi altri prodotti alimentari come dolciumi, cibi in scatola e surgelati, latticini, prodotti da forno, alimenti biologici, bevande e prodotti a base di erbe. Lo stile di vita in evoluzione e l'aumento dei poteri d'acquisto dei musulmani significa che c'è una domanda diffusa di cibi pronti preparati e di prodotti alimentari confezionati che sono ancora conformi alle leggi dietetiche islamiche. Un altro settore in crescita degli alimenti è costituito dai sostituti dei prodotti che tradizionalmente contengono ingredienti non halal (haram) come la gelatina di maiale o l'alcol. Questi prodotti, che includono yogurt, biscotti e cioccolatini, vengono ora modificati in modo da poter essere commercializzati come halal.

Alimentare Halal globale: sfide e opportunità

Sfide

↘↘ C'è una confusione continua sugli standard Halal, principalmente perché sono prodotti da così tante diverse organizzazioni legate al governo; organizzazioni private e organismi di certificazione Halal indipendenti (HCB); organismi nazionali di normalizzazione, organismi regionali come ASEAN, GSO e UE; e organismi internazionali come l'iniziativa SMIIC/OIC. La sfida per i produttori è determinare quale standard fornirà effettivamente l'accesso al mercato e in troppi casi sono necessari più certificati per gli esportatori.

↘↘ L'assenza di schemi internazionali praticabili per accreditare gli organismi di certificazione Halal (HCB) è stata a lungo un problema per l'industria Halal. La maggior parte del Alimentare Halal viene prodotta in paesi a maggioranza non musulmani ed è certificata da HCB indipendenti che operano con poca supervisione normativa. Le attuali iniziative di accreditamento, come quelle sviluppate da SMIIC, GSO ed ESMA, sono tutte mosse nella giusta direzione, è necessario un maggiore coordinamento tra gli organismi di accreditamento per evitare inutili duplicazioni o concorrenza.

↘↘ Difficoltà nell'ottenere finanziamenti conformi alla Shari'ah . Le aziende che desiderano scalare o integrare verticalmente la loro catena di approvvigionamento devono affrontare sfide nell'ottenere finanziamenti conformi alla Shari'ah .

Opportunità

↘ I principali organismi di standardizzazione stanno adottando misure per armonizzare gli standard halal all'interno della loro regione. Standards Malaysia sta cercando di armonizzare gli standard Halal all'interno della regione dell'ASEAN; L'OIC'S SMIIC sta cercando di avere uno standard Halal unificato all'interno dei paesi OIC; e il Comitato europeo di normalizzazione (CEN) sta cercando di avere uno standard unificato per l'Europa. Se questi passaggi avranno successo nei prossimi anni, anche se non ci sarà uno standard globale unificato, almeno ci sarà un numero limitato di standard regionali.

↘ Nonostante le incertezze nel quadro normativo, il settore alimentare halal rimane vivace e sta rapidamente diventando un'arena di innovazione. Una nuova generazione di imprenditori sta guidando il cambiamento in tutti gli aspetti, dallo sviluppo del prodotto al confezionamento, al marketing e all'uso dei social media.

↘ Le tecnologie online consentono all'accesso al mercato globale di essere una realtà praticabile anche per le piccole start-up e una nuova generazione di clienti musulmani urbani globali è alla ricerca di prodotti e servizi che rispondano alle loro preferenze religiose e alle loro vite connesse digitalmente.

↘ I paesi OIC che hanno esperienza nei processi alimentari Halal hanno l'opportunità di sviluppare partnership con paesi non OIC desiderosi di rafforzare le loro capacità Halal. Paesi come Cina, Corea del Sud e Sud Africa stanno già collaborando con la Malesia e gli Emirati Arabi Uniti per sviluppare le loro capacità Halal.

↘↘ Un'opportunità per sviluppare la tecnologia di tracciamento. La verifica dell'integrità della catena di approvvigionamento è una sfida importante che si presenta quando parliamo con esperti in questo settore. Un modo per superare questo problema è sviluppare una tecnologia di tracciamento che la carne cruda e gli ingredienti alimentari arrivino alla loro fonte. La Brazilian Meat Exporting Industries Association (ABIEC) ha sviluppato un dispositivo chiamato e-seal che traccia il carico di carne che passa attraverso i loro porti.

↘↘ Un aumento della domanda di carne senza ormoni. I regolatori differiscono sul fatto che la carne trattata con ormoni sia consentita. C'è un dibattito tra gli esperti su quanto sia sicura tale carne per il consumo umano , con preoccupazioni per il cancro e altri effetti collaterali. A seguito dell'interesse dei clienti sugli ormoni, la catena di supermercati degli Emirati Arabi Uniti Spinneys, è la prima a vendere carne senza ormoni.

↘↘ Il Alimentare halal ha l'opportunità di essere lo standard globale per Alimentare sicuro, sano e umano se i produttori aderiscono pienamente al concetto di Halal e Tayyib come nei principi dell'Islam. C'è una crescente domanda globale di Alimentare biologico e naturale che sta iniziando ad apparire tra i consumatori musulmani, in particolare la generazione più giovane dei millennial. Sebbene possa comportare il costo più elevato di produzione di carne allevata in fattoria e alimentata biologicamente, rispetto alle opzioni più economiche che molti musulmani potrebbero cercare; nonostante queste sfide, questo è un obiettivo a lungo termine che i produttori musulmani dovrebbero sforzarsi di raggiungere. Incluso in questo è il potenziale di sviluppo di marchi Halal innovativi di prima qualità per questa nuova generazione di consumatori musulmani. Proprio come il biologico era un mercato marginale 10 anni fa, ma ora si trova nei supermercati tradizionali, e proprio come il made in Japan negli anni '50 era sinonimo di bassa qualità, ma con gli sforzi combinati del produttore giapponese, sostenuto dal sostegno nazionale, ora è sinonimo di massima qualità.

↘↘ Sviluppare linee di prodotti biologici premium. Vi è una crescente domanda globale di alimenti biologici e naturali. Questo accresciuto interesse sta iniziando a manifestarsi anche tra i consumatori musulmani , in particolare la generazione più giovane dei millennial.

↘↘ Sviluppa marchi forti. C'è molto spazio per migliorare il marchio anche di marchi famosi. La qualità del prodotto, i messaggi di marketing, l'imballaggio e la comunicazione generale possono essere notevolmente migliorati. Ciò offre l'opportunità sia ai marchi esistenti di intensificare il proprio gioco, sia ai nuovi giocatori di differenziarsi attraverso un potente marchio.

↘↘ Opportunità di investimento nell'integrazione della catena del valore alimentare Halal. Molte aziende nel mercato alimentare Halal sono piccole e frammentate. Il finanziamento dell'integrazione verticale della catena di approvvigionamento, dai macelli ai distributori, è un'opportunità di investimento che dovrebbe fornire rendimenti redditizi per gli investitori e sviluppare aziende solide in questo settore.

↘↘ Opportunità per i produttori di carne di entrare nel mercato turco grazie agli elevati margini di profitto del settore. Il governo ha aumentato il suo sostegno alla produzione animale negli ultimi anni. Tuttavia, la rapida urbanizzazione e la mutevole cultura del Alimentare; il flusso turistico di 40 milioni; e ospitare oltre 2 milioni di rifugiati siriani, ha causato la mancanza di approvvigionamento di carne. Poiché l'elevata inflazione alimentare impedisce il consumo di carne, si prevede che nuovi produttori di carne entrino nel mercato per condividere elevati margini di profitto nel settore.

2- Prodotti farmaceutici e sanitari

L'Islam ha una lunga storia di innovazione e trattamento medicinale, in linea con i principi coranici per incoraggiare uno stile di vita olistico. La medicina moderna e le pratiche farmaceutiche hanno emarginato il contributo dell'Islam all'assistenza sanitaria, ma oggi c'è una rinascita in campo medico. Ciò è particolarmente evidente nella medicina preventiva, con i nutraceutici un segmento fiorente del settore farmaceutico Halal.

Il settore è stato dimensionato a 83 miliardi di dollari nel 2016, in aumento del 6% rispetto al 2015 e si prevede che crescerà dell'8% all'anno per raggiungere i 132 miliardi di dollari entro il 2022.

Con i musulmani sempre più preoccupati per ciò che consumano, un certo numero di aziende, musulmane e non, stanno fornendo prodotti nutraceutici certificati Halal che sono privi di origine animale e utilizzano solo i migliori ingredienti. Anche le multinazionali sono entrate nel segmento, fornendo ingredienti Halal o fornendo vitamine e integratori certificati Halal.

I nutraceutici sono considerati il principale segmento in crescita all'interno di Halal Pharmaceuticals, ma più prodotti farmaceutici sono certificati Halal, compresi i farmaci da prescrizione. Sebbene non tutti i prodotti farmaceutici possano ancora essere certificati Halal fino a quando non saranno superati determinati problemi di ricerca e sviluppo, specialmente in relazione a determinati ingredienti e sostanze chimiche, l'innovazione si sta verificando nei vaccini.

AJ Pharma sta guidando tale innovazione, sviluppando un processo di coniugazione sintetica che consente di unire i vaccini senza una fonte animale. Il gruppo con sede in Arabia Saudita, che ha una struttura in Malesia, sta anche sviluppando un'eparina bovina da una fonte Halal per un vaccino contro la febbre dengue. Un vaccino contro la poliomielite Halal dovrebbe essere rilasciato entro la fine del 2017 e nel 2018 un vaccino per la meningite meningococcica.

Tali vaccini privi di animali avranno appello nei mercati a maggioranza musulmana così come tra i consumatori non musulmani che sono preoccupati per i rischi per la salute delle vaccinazioni. Tale sviluppo di vaccini è un vantaggio per tutta l'umanità.

farmaceutici e sanitari sono grandi aree di crescita nell'industria halal globale.

domanda di prodotti farmaceutici halal, generici, per il benessere e per la salute sia di circa 555 miliardi di dollari nei paesi a maggioranza musulmana. La principale preoccupazione tra i musulmani è l'uso di sostanze non conformi come derivati animali e gelatine di origine animale in questi prodotti. La crescita del mercato globale dei prodotti farmaceutici è aumentata del 4% nel 2009 a un valore che ha superato gli 820 miliardi di dollari, offrendo vaste opportunità potenziali da sfruttare per l'industria farmaceutica halal. L'aumento dei costi sanitari fornisce anche al mercato halal un fattore chiave di differenziazione nella fornitura di farmaci generici.

Il rapporto sullo stato dell'economia islamica globale 2017/18 stima che la spesa musulmana globale per i prodotti farmaceutici sarà di 83 miliardi nel 2016, il 7% della spesa globale di 1,22 trilioni di dollari. La spesa musulmana per i prodotti farmaceutici dovrebbe raggiungere i 132 miliardi di dollari entro il 2022 (9,1% della spesa globale), un CAGR dell'8% rispetto al 2016.

Il mercato musulmano dei prodotti farmaceutici si è classificato al quarto posto a livello mondiale, dietro a Stati Uniti (392 miliardi di dollari), Giappone (116 miliardi di dollari) e Cina (117 miliardi di dollari). I primi dieci mercati musulmani con spese farmaceutiche sono stati Turchia (9,7 miliardi di dollari), Arabia Saudita (7,1 miliardi di dollari),

Stati Uniti (6,7 miliardi di dollari), Indonesia (5,7 miliardi di dollari), Algeria (3,8 miliardi di dollari) e Russia (2,9 miliardi di dollari).
ingredienti farmaceutici e metodologia analitica dell'integrità del prodotto. Nel tentativo di rafforzare l'integrità all'interno della produzione e della manutenzione di medicinali e integratori sanitari, la Malesia ha introdotto un nuovo standard per i prodotti farmaceutici halal. "The Malaysian Standard MS2424:2010 (P): Halal Pharmaceuticals General Guidelines" riguarda l'intera catena di approvvigionamento dell'industria farmaceutica dalla lavorazione alla manipolazione, confezionamento, etichettatura, distribuzione, conservazione ed esposizione di medicinali e integratori sanitari.

3- Cosmetico

Proprio come i musulmani sono preoccupati per il Alimentare che consumano, i musulmani sono sempre più consapevoli che i prodotti cosmetici che usano e che vengono assorbiti nel corpo potrebbero non essere halal o consentiti. Tali preoccupazioni hanno dato origine ai cosmetici Halal, che contengono ingredienti religiosamente consentiti e non derivati da suini o cocciniglie. Ciò ha portato allo sviluppo di rossetti non suini, nonché creme, shampoo e lozioni privi di animali macellati non Halal. Il settore è stato dimensionato a 57 miliardi di dollari nel 2016, in aumento del 2% rispetto al 2015 e si prevede che crescerà del 6% all'anno per raggiungere gli 82 miliardi di dollari entro il 2022. Il settore ha avuto una crescita e un'accettazione particolari nei paesi a minoranza musulmana come gli Stati Uniti e il Regno Unito, guidati da donne musulmane giovani e alla moda, sebbene tali marchi Halal Cosmetics abbiano anche avuto mercati di esportazione saldamente nel mirino. Anche le multinazionali stanno riconoscendo il potenziale del segmento, con la Seven Scent del Regno Unito, di proprietà di PZ Cussons, che ottiene la certificazione Halal per il mercato di esportazione e altri attori globali che ottengono la certificazione Halal per le vendite regionali, come nel sud-est asiatico. Tuttavia, a causa dei sentimenti islamici negativi, le multinazionali stanno procedendo con cautela quando si tratta di etichettare i prodotti come Halal, mercati di raccolta delle ciliegie in cui desiderano enfatizzare la certificazione. Al contrario, il sito web di New York Muslimgirl.com si è rivolto al gigante americano dei cosmetici Orly per collaborare allo sviluppo di uno smalto per unghie halal permeabile (la permeabilità è importante per il wudhu, le abluzioni, prima di pregare). L'azienda ha colto al volo l'opportunità, consentendo a Muslimgirl.com di creare e lanciare sei smalti per unghie Halal, giusto in tempo per il Ramadan 2017.

Sfruttando l'opportunità di promuovere i nomi musulmani e contrastare gli atteggiamenti negativi nei confronti dell'Islam, gli smalti per unghie hanno nomi su misura come "Haram-Bae", "What the Fatima?", "Ig-Noor the Haters" e "The Perfect Amani-Cure" . Tale collaborazione mette in evidenza il potere dei social media, oltre alle aziende di cosmetici che desiderano diversificare i loro portafogli di prodotti.

Ma mentre i progressi sono in corso, la confusione dei consumatori sulla certificazione Halal e la mancanza di consapevolezza sul concetto di Halal ha ostacolato la crescita potenziale del settore, soprattutto in termini di esportazioni.

Il passaggio a uno standard più universale dovrebbe aiutare a rafforzare questo segmento, altrimenti Halal Cosmetics potrebbe perdere terreno a causa della crescente domanda globale di prodotti cosmetici biologici, naturali e ayurvedici. Il rapporto sullo stato dell'economia islamica globale 2017/18 stima che la spesa globale dei musulmani per i cosmetici sia di 57,4 miliardi di dollari nel 2016, il 7% della spesa globale di 784 miliardi di dollari. La spesa dei musulmani per i cosmetici dovrebbe raggiungere gli 82 miliardi di dollari entro il 2022 (8% della spesa globale), un CAGR del 6% rispetto al 2016.

Il mercato musulmano dei cosmetici è al quarto posto a livello mondiale, dietro a Stati Uniti (86 miliardi di dollari), Giappone (85 miliardi di dollari) e Cina (65 miliardi di dollari). I primi dieci mercati musulmani con spese per cosmetici sono stati India ($ 5,1 miliardi), Indonesia ($ 3,7 miliardi), Russia ($ 3,5 miliardi), Turchia ($ 3,3 miliardi), Malesia ($ 3 miliardi) e Bangladesh ($ 2,7 miliardi).

Cosmetici La crescita nel mercato dei cosmetici halal è rispecchiata da una crescita della conoscenza dei consumatori sugli ingredienti utilizzati e dalla consapevolezza del prodotto, alimentata dai social network. L'industria cosmetica halal globale è stimata in 13 miliardi di dollari con un tasso di crescita annuale del 12%. Attualmente il mercato dei cosmetici halal costituisce l'11% dell'industria halal globale totale. Il mercato emergente dei cosmetici halal e della cura della persona è visto dagli analisti come il prossimo in linea di crescita dopo il redditizio settore degli alimenti halal. Il principale motore di questa enorme domanda di cosmetici halal e prodotti di bellezza deriva dalla fascia demografica della popolazione musulmana professionale giovane, religiosamente consapevole e dinamica. Nell'ambito dei cosmetici halal, il concetto copre aspetti critici della produzione come gli ingredienti halal e

l'uso di sostanze consentite che devono essere fabbricate, immagazzinate, confezionate e consegnate in conformità con i requisiti della Shari'ah . È interessante notare che i cosmetici halal hanno guadagnato slancio anche tra i consumatori moderni che sono attenti all'eco-etica e sono disposti a pagare un premio per prodotti cosmetici biologici, naturali e terrosi per adattarsi al loro stile di vita moderno.
Il mercato dei cosmetici halal è in piena espansione in Medio Oriente e in Asia. In tutto il Medio Oriente, i cosmetici halal stanno registrando una crescita annuale del 12% raggiungendo i 12 miliardi di dollari di valore totale delle vendite relative ai cosmetici. I mercati asiatici, in particolare Malesia e Indonesia, così come l'Europa, hanno visto un aumento di interesse per i cosmetici halal. In Malesia, i cosmetici halal contribuiscono dal 10% al 20% del mercato locale dei cosmetici. Tuttavia, l'industria cosmetica globale è dominata, e in una certa misura monopolizzata, da società non musulmane. Ciò pone serie sfide alla questione degli ingredienti halal nei prodotti cosmetici fabbricati dalle aziende.
Sebbene ai musulmani sia generalmente consentito consumare prodotti haram (proibiti) in situazioni di pericolo di vita, la domanda di prodotti farmaceutici che aderiscono alle regole musulmane è in crescita. La crescente domanda globale di prodotti farmaceutici halal è in tandem con il crescente interesse e le preoccupazioni dei musulmani riguardo allo status halal dei prodotti farmaceutici. Molti di loro stanno sfidando l'industria sull'origine degli ingredienti di questi prodotti e se sono conformi allo stile di vita islamico. I prodotti farmaceutici halal non dovrebbero solo essere privi di costituenti haram, ma dovrebbero anche essere tayyib che è un termine dato a beni e prodotti che

soddisfano standard di qualità. In generale, tayyib si riferisce a prodotti puliti, puri e prodotti sulla base di processi e procedure standard. Pertanto, un prodotto farmaceutico non dovrebbe essere solo halal, ma dovrebbe anche essere giudicato pulito secondo la legge della Shari'ah . Tuttavia, il mercato farmaceutico halal è afflitto dalla mancanza di standard halal globali su Molti prodotti cosmetici contengono alcol che è considerato haram e componenti di origine animale considerati impuri dall'Islam. Le crescenti preoccupazioni per gli ingredienti di origine animale come la gelatina e il collagene nei prodotti cosmetici stanno alimentando la domanda dei consumatori sia musulmani che non musulmani. L'etichetta halal su cosmetici e prodotti di bellezza si rivolge ai consumatori che cercano integrità e autenticità nei loro prodotti cosmetici e per la cura della persona. Sebbene il concetto di cosmetici halal sia molto nuovo nel mondo musulmano, c'è una domanda crescente soprattutto da parte dei consumatori coscienziosi che stanno diventando più selettivi nella scelta degli articoli per la cura personale e scelgono consapevolmente di spendere soldi in cosmetici e prodotti di bellezza che si adattano con le loro esigenze religiose e culturali.

I cosmetici halal si sono sviluppati ben oltre una novità. Sfruttando il fiorente mercato dei cosmetici halal, un certo numero di aziende cosmetiche stanno iniziando a sviluppare questo mercato di nicchia producendo linee di prodotti certificati halal che non contengono ingredienti animali e non testati su animali per soddisfare la crescente domanda dei consumatori che vogliono semplicemente più sicurezza che i cosmetici che stanno utilizzando sono sani e provenienti da fonti sostenibili. Una sfida per sviluppare ulteriormente questo settore halal di nicchia è come integrare al meglio i cosmetici halal nel quadro dell'industria globale della bellezza. La collaborazione attiva con i principali gruppi di interesse paralleli come i diritti biologici, vegani, etici e ambientali può essere la chiave per rafforzare ulteriormente il valore dei prodotti cosmetici halal nel mercato globale.

Settore farmaceutico e cosmetico: sfide e opportunità chiave

Sfide

↘↘ Identificare la fonte dei medicinali. Fortunatamente, sono finiti i giorni in cui la placenta di maiale veniva utilizzata nei cosmetici antietà o nell'urina di cavalla per produrre la pillola contraccettiva, grazie alla crescente richiesta da parte dei consumatori di prodotti cruelty free e animal free. C'è una preferenza per l'utilizzo di ingredienti non animali ora, a causa della consapevolezza dei consumatori dovuta alle lobby vegetariane e vegane. Anche le epidemie della "mucca pazza" e dell'influenza aviaria hanno avuto un impatto sull'uso di ingredienti di origine animale . La maggior parte, se non tutti, gli antibiotici sul mercato sono sintetici, il che li rende più economici e disponibili in grandi quantità per soddisfare la domanda globale. Il problema principale è nella fase di formulazione in cui questi antibiotici e altri medicinali vengono miscelati/confezionati/incapsulati in ingredienti che non sono Halal.

↘↘ I rapidi sviluppi futuri della biologia sintetica destano preoccupazione, ad esempio da microrganismi e piante del futuro che sono stati geneticamente modificati fino all'estremo per contenere grandi parti e genomi potenzialmente completi, modificati/sintetici (in altre parole creati dall'uomo microrganismi e piante designer). Ciò non avrà solo un impatto sugli antibiotici, ma anche sul Alimentare futuro prodotto da tali organismi "sintetici". Anche se questo è per il futuro, le autorità stanno già esaminando come regolamentare tali sviluppi.

↘↘ Molti auditor musulmani non sono formati sulle linee guida delle buone pratiche di fabbricazione (GMP), che sono importanti per mantenere la qualità. L'uso delle linee guida sulle buone pratiche di fabbricazione (GMP) che corrispondono alla legislazione di un paese per cosmetici e prodotti per la cura personale è stato progettato per migliorare la qualità e la trattabilità dei prodotti per proteggere la vita umana e contribuire a garantire che i prodotti siano puri e sani (tayyib). Non si tratta solo di rilevare gli ingredienti haram, ma anche gli ingredienti masbooh non etici (meglio evitare) a causa degli effetti dannosi da essi assorbiti attraverso la pelle o internamente con i farmaci. Molti auditor musulmani potrebbero non essere formati sulle linee guida GMP, quindi potrebbero perdere potenziali punti di contaminazione. Garantire che gli auditor e gli esperti tecnici Halal abbiano questa formazione è essenziale per la crescita della cura personale e dei prodotti farmaceutici certificati Halal.

↘↘ Le normative sulle buone pratiche di fabbricazione (GMP) per prodotti farmaceutici e cosmetici richiedono che le aziende normalizzino la riproduzione per il controllo di qualità, il che ha portato al passaggio a sostituti sintetici degli ingredienti naturali. Queste normative hanno influenzato il mercato dei medicinali omeopatici e naturali in quanto sono tenuti ad avere una licenza che può costare fino a $ 156.000. Per questo motivo, molti piccoli marchi di medicinali hanno dovuto interrompere il commercio. Tuttavia, le normative non sono così rigide sulla cura personale. I sostituti sintetici sono già utilizzati nella cura della persona e sono stati per molto tempo per sostituire molti degli ingredienti naturali che potrebbero essere stati dubbi in passato. Poiché gli ingredienti naturali sono costosi e difficili da controllare, gli oli essenziali naturali ora vengono utilizzati meno e suddivisi in componenti sintetici per conformarsi alle nuove normative GMP per i cosmetici per normalizzare la riproduzione per il controllo di qualità.

↘↘ L'alcol che viene utilizzato in varie forme, sia per la manutenzione dei macchinari che nei prodotti stessi, è un aspetto delle linee guida standard Halal che differisce da paese a paese. Resta da vedere se le opinioni possono essere standardizzate su questo.

↘↘ L'uso di ingredienti nei cosmetici tossici per l'essere umano può essere considerato Haram nella certificazione Halal in quanto non sono tayyib . Ad esempio, alcuni degli ingredienti utilizzati nelle creme sbiancanti per la pelle, come l'idrochinone e il mercurio, rientrano in questa categoria. Questi ingredienti sono vietati in molti paesi ma sono ancora in uso in alcuni paesi. Sono considerati tossici all'interno del corpo, quindi sono anche dannosi all'esterno del corpo. Uccidono le cellule della melanina che, tra le altre cose, possono causare il cancro.

↘↘ Sfida per ottenere finanziamenti per ricerca e sviluppo. Orizzonte 2020 è il più grande programma di ricerca e innovazione dell'UE mai realizzato con quasi 80 miliardi di euro di finanziamenti disponibili in 7 anni (dal 2014 al 2020). Il problema principale con Orizzonte 2020 (e altri schemi di finanziamento governativi ed europei) non è che sono molto competitivi ma che sono molto tematici, ovvero gli argomenti dei bandi non sono "aperti". Gli argomenti vengono decisi e prioritari dalle autorità con un buon paio di anni di anticipo. Quando escono gli argomenti dei bandi, il tipo di ricerca che intendiamo fare in Halal non è richiesto e quindi non possiamo adattare le nostre idee Halal direttamente a un argomento 'sul tavolo'. Dobbiamo influenzare le chiamate future invocando alcuni modi per ottenere gli argomenti importanti per le comunità musulmane e di altre religioni.

Opportunità

↘↘ Gli ingredienti di origine animale nei prodotti farmaceutici vengono sempre più sostituiti da sintetici. Ciò è dovuto principalmente alla domanda dei consumatori e all'attività per i diritti degli animali in Occidente. La rimozione degli ingredienti animali dai prodotti semplifica il processo di certificazione dei prodotti come Halal poiché gli ingredienti animali sono stati rimossi dall'equazione. Nell'industria farmaceutica , i requisiti di garanzia/controllo della qualità per principi attivi (farmaco) ed eccipienti (ingredienti utilizzati per legare il farmaco in forma di compresse/capsule o sciroppo) sono alla base delle normative GMP che ora vengono applicate. A differenza dell'industria cosmetica, dove i prodotti "naturali" o biologici sono sempre più la norma, per controllare la purezza e livelli "attivi" accurati, gli ingredienti farmaceutici tendono ad essere prodotti sinteticamente/in laboratorio in modo che ogni lotto sia coerente in termini di aspetto, qualità e 'attività'.

Questa può essere un'opportunità per i produttori di fornire molecole sintetiche con composizione ed efficacia simili a quelle che potrebbero essere state originariamente a base di suini.

↘↘ Opportunità per la produzione di vaccini Halal.

Particolarmente richiesto è il vaccino per la meningite, per coloro che compiono il pellegrinaggio hajj poiché attualmente sono a base di carne di maiale. La Malesia prevede di produrre il primo vaccino Halal al mondo in collaborazione con un'azienda saudita.

↘↘ Ci sono molte opportunità per educare sia i consumatori che i produttori nei paesi musulmani sulla natura transdermica (che penetra nella pelle) di alcuni tipi di cosmetici. Nei paesi occidentali, esistono linee guida sulla sicurezza che richiedono che qualsiasi nuovo tipo di ingrediente nei cosmetici, come le nanoparticelle, sia completamente testato per dimostrare che sono sicuri per l'uomo. Nei paesi musulmani, queste considerazioni sulla sicurezza sono secondarie rispetto alle considerazioni Halal. Tendiamo a considerare gli ingredienti di origine suina come considerati Haram o Naji (ritualmente impuri) poiché possono essere lavati via dalla pelle. Tuttavia, la sicurezza negli esseri umani dovrebbe essere presa in considerazione anche nelle linee guida Halal per i cosmetici. Le nuove tecnologie, come le nanoparticelle utilizzate in creme, ciprie, ecc., sono attualmente oggetto di dibattito da parte dell'Agenzia europea per i medicinali (EMA) dal punto di vista della sicurezza, ma nei paesi musulmani siamo molto indietro rispetto all'Occidente. Attualmente, la ricerca sulle nuove tecnologie, sui materiali e sulla loro sicurezza negli esseri umani è svolta esclusivamente dai paesi non musulmani e finanziata da non musulmani. Questa è un'eccellente opportunità per gli scienziati e gli investitori musulmani di guidare e acquisire esperienza nella ricerca in questi campi per promuovere e determinare lo stato Halal di queste tecnologie.

↘↘ Possibilità di commercializzare cosmetici Halal a consumatori non musulmani. La maggior parte dei cosmetici Halal si concentra su ingredienti naturali, ecocompatibilità e commercio equo. Alcuni sono anche vegani, quindi c'è l'opportunità di commercializzarli ai non musulmani. Sia PHB Ethical Beauty con sede nel Regno Unito che Eco trail, l'azienda indiana dietro il marchio Iba , si rivolgono a una base di consumatori più ampia con prodotti non solo certificati Halal ma anche cruelty free e privi di sostanze chimiche aggressive e nel caso di Iba sono biologico e privo di prodotti di origine animale.

↘↘ Opportunità di risolvere il problema della scarsità di gelatina Halal elaborando una soluzione pratica per utilizzare le parti rilevanti degli animali sacrificati durante l'Hajj. Le opzioni halal potrebbero anche essere disponibili utilizzando sostituti di origine vegetale. Ad esempio, l'industria farmaceutica si è fissata con l'uso della gelatina per la produzione di capsule perché è a basso costo, economica ed è stata utilizzata per molti anni. Il mercato ha bisogno di educare ad alternative più naturali come alginati, pectine, ecc. che possono essere riformulate per offrire le stesse proprietà fisiche.

↘↘ È necessario sviluppare e pubblicare una farmacopea Halal e altri riferimenti per gli operatori del settore per integrare gli standard farmaceutici Halal.

↘↘ Le cinque chiavi per diventare un'azienda farmaceutica di successo sono: Avere le migliori capacità di approvvigionamento e produzione; il secondo è trovare il miglior team di regolamentazione per comprendere e navigare le normative; il terzo è la profonda conoscenza dei clienti; il quarto è che le informazioni sui clienti guidino la linea di prodotti principali; e il quinto è avere un investimento coerente in Ricerca e Sviluppo (R&S) per creare prodotti nuovi e innovativi.

↘↘ Registrazione accelerata di prodotti farmaceutici nel paese interislamico al fine di accelerare e stimolare la crescita dell'industria farmaceutica Halal a beneficio della Ummah.

4- Turismo

Ogni anno sempre più musulmani viaggiano per piacere. All'interno di questo segmento in crescita, i turisti musulmani cercano lo stesso tipo di esperienze dei non musulmani, ma desiderano sempre più strutture che riflettano i loro valori, come gli hotel Halal e il Alimentare Halal.

L'aumento del turista musulmano si riflette nel mercato dei viaggi musulmani che cresce di 10 miliardi di dollari all'anno dal 2014, a 169 miliardi di dollari nel 2016, con una crescita dell'11,8% lo scorso anno, quasi il doppio di quella del mercato globale dei viaggi. Si prevede che la spesa musulmana per i viaggi in uscita aumenterà del 9% all'anno per raggiungere i 283 miliardi di dollari entro il 2022. Mentre

le principali destinazioni di viaggi halal si trovano nei paesi a maggioranza musulmana degli Emirati Arabi Uniti, Malesia e Turchia, sia l'OIC che i paesi a minoranza musulmana stanno investendo in viaggi halal , dalla Spagna alla Nuova Zelanda.
I viaggi regionali, un'importante area di crescita del turismo, stanno ugualmente guidando lo sviluppo, con l'Indonesia che lancia una Global Halal Travel Alliance per sostenere il turismo, in particolare all'interno dei paesi dell'ASEAN.
La Turchia in particolare è diventata una delle principali destinazioni di viaggio Halal, salendo di quattro posizioni dalla classifica dell'indicatore dell'anno scorso al terzo posto e superando qualsiasi altra destinazione turistica musulmana in
la regione mediterranea. Indicativo della popolarità della Turchia è stato che durante le vacanze di Eid Al Fitr del 2017 (alla fine del Ramadan), gli hotel convenzionali erano al completo mentre gli hotel Halal-Friendly, in particolare i resort sulla spiaggia, erano al completo. Notando la domanda dei consumatori nei 60 hotel Halal del paese, gli albergatori turchi hanno iniziato a diversificare dal turismo convenzionale concentrandosi su questo segmento emergente.
Tali sviluppi sono indicativi della fattibilità economica e dell'attrattiva futura di Halal Travel, con significativi incroci con altri settori dell'economia islamica come Alimentare halal, moda modesta, cultura e assistenza sanitaria. In effetti, questo crossover sta già avvenendo, come HalalTrip che collabora con Productive Muslim per ritiri di sviluppo personale e Serendipity Tailormade che collabora con Healthy Hijab, un allenatore di fitness e salute. Anche i servizi finanziari e le assicurazioni di viaggio conformi alla

Sharia sono sempre più disponibili, consentendo l'emergere di un ecosistema di viaggio Halal più completo. Come in altri settori dell'economia islamica, il crowdfunding sta consentendo alle start-up di uscire dal mercato
terra, come Firnas Airways, con sede nel Regno Unito, e l'app per smartphone Halal Dining Club.

Con il numero di musulmani che viaggiano in aumento di anno in anno, Halal Travel è un turismo sempre più halal che ha recentemente guadagnato popolarità e ora sta rapidamente diventando un nuovo fenomeno nel settore del turismo in generale. Si riferisce a prodotti turistici che forniscono servizi di ospitalità in conformità con le credenze e le pratiche islamiche. Ciò comporta il servire Alimentare halal, avere piscine separate, spa e attività ricreative per uomini e donne, sale da pranzo analcoliche, strutture di preghiera e persino aree balneari per sole donne con etichetta islamica del nuoto. Tradizionalmente, il turismo halal è stato comunemente associato ai pellegrinaggi hajj e umrah. I crescenti consumatori musulmani della classe media benestante e l'aumento del grado di interconnettività che ha reso i viaggi una parte integrante della vita quotidiana, stanno gradualmente cambiando le preferenze turistiche dei musulmani dalle destinazioni tradizionali come la Mecca alle migliori destinazioni e resort per le vacanze. Con la spesa dei turisti musulmani che dovrebbe aumentare a oltre il 13% dell'intera spesa turistica globale entro il 2020, il turismo halal ha il potenziale per diventare mainstream e svilupparsi come parte integrante del fiorente mercato halal globale.

Il rapporto sullo stato dell'economia islamica globale 2017/18 stima che i musulmani a livello globale abbiano speso un totale di 169 miliardi di dollari in viaggi nel 2016 (esclusi Hajj e Umrah), il 12% della spesa del mercato globale di 1,4 trilioni di dollari. Questa è una crescita dell'11,8% rispetto all'anno precedente, ed è superiore all'aumento del 6,6% nel mercato globale. La spesa musulmana per i viaggi dovrebbe raggiungere i 283 miliardi di dollari entro il 2022, con un CAGR del 9% rispetto al 2016.

Il mercato musulmano dei viaggi è il secondo più grande rispetto ai maggiori paesi di provenienza dei viaggi, subito dopo la Cina (179 miliardi di dollari) e davanti agli Stati Uniti (169 miliardi di dollari).

I principali paesi di provenienza dei turisti musulmani in base alla spesa del 2016 sono stati: Arabia Saudita (20,4 miliardi di dollari), Emirati Arabi Uniti (15,8 miliardi di dollari), Qatar (12,4 miliardi di dollari), Kuwait (9,6 miliardi di dollari), Indonesia (9,7 miliardi di dollari) e Iran (7,4 miliardi di dollari).

A livello regionale, la spesa per il turismo musulmano è stata la più alta tra le seguenti: MENA-GCC (61 miliardi di dollari), MENA-Altro (21,9 miliardi di dollari, con l'Iran che rappresentava separatamente 7 miliardi di dollari) e Asia orientale (23 miliardi di dollari), seguite dall'Europa occidentale (17 miliardi di dollari).) e Asia centrale (12 miliardi di dollari, inclusa la Turchia). La regione MENA-GCC rappresenta il 36% della spesa totale per i viaggi dei musulmani, anche se rappresenta solo il 3% della popolazione musulmana mondiale.

Il mercato del turismo halal rappresenta il 12,3% o 126,1 miliardi di dollari del mercato globale del turismo outbound totale e sta crescendo del 4,8% rispetto alla media globale del 3,8%. Nel solo 2011, i viaggiatori musulmani hanno speso circa 126 miliardi di dollari. Si prevede che questa cifra raggiungerà i 419 miliardi di dollari entro il 2020. I mercati MENA rappresentano la quota maggiore della spesa globale in uscita dei turisti musulmani con il 60%.

Il turismo halal è fiorito negli ultimi anni per soddisfare le esigenze dei viaggiatori musulmani che desiderano godere di servizi completi per le vacanze, che allo stesso tempo soddisfano le loro esigenze religiose, nonché i costumi e la cultura islamici. Un certo numero di paesi ha già adattato la propria offerta turistica per includere strutture e alloggi conformi alle credenze religiose dei turisti musulmani. Le destinazioni preferite sono state prevalentemente paesi islamici come Malesia, Turchia ed Egitto. Negli ultimi anni, paesi non musulmani tra cui Australia, Singapore e Francia hanno mostrato un forte interesse per il turismo halal. Queste destinazioni sono le preferite dai viaggiatori musulmani in quanto hanno organismi di certificazione halal, che rendono più facile per i turisti trovare punti vendita di Alimentare certificati halal durante le vacanze. La Malesia, ad esempio, è stata all'avanguardia nel settore del turismo halal e ha avuto successo nell'attrarre turisti musulmani da tutto il mondo, in particolare viaggiatori mediorientali. Di recente, la Malesia è stata classificata al primo posto tra le prime 10 destinazioni turistiche halal friendly al mondo. La classifica si basava su diversi fattori, tra cui la disponibilità di Alimentare halal, strutture di preghiera e alloggi halal friendly.
D'altra parte, i viaggiatori musulmani sono emersi come un segmento di clientela attraente , rappresentando circa l'11% della spesa globale in uscita per viaggi e turismo nel 2014, spendendo in totale 142 miliardi di dollari.

Comparativamente si tratta di un aumento del 6,3% rispetto alla spesa di viaggio musulmana del 2013 che era di 134 miliardi di dollari (aggiornata in base a una metodologia adeguata). Si prevede che la spesa per il turismo musulmano in uscita aumenterà fino a raggiungere i 233 miliardi di dollari di mercato entro il 2020. In totale, la spesa per i viaggi dei musulmani è la terza più grande rispetto ai maggiori paesi di origine dei viaggi, subito dopo la Cina (160 miliardi di dollari) e gli Stati Uniti (143 miliardi di dollari). i paesi di origine dei turisti musulmani in base alla spesa del 2014 erano: Arabia Saudita ($ 17,8 miliardi), Emirati Arabi Uniti ($ 12,6 miliardi), Kuwait ($ 9,7 miliardi), Qatar ($ 9,5 miliardi), Indonesia ($ 7,6 miliardi) e Iran ($ 7,5 miliardi). A livello regionale, la spesa per il turismo musulmano è stata la più alta nelle seguenti regioni: MENA-GCC ($ 52 miliardi), MENA-Altri ($ 21 miliardi) e Asia orientale ($ 19 miliardi) seguite da Europa occidentale ($ 16 miliardi) e Asia centrale ($ 10 miliardi) . MENA-GCC rappresentano il 37% della spesa totale per i viaggi dei musulmani, anche se rappresentano solo il 3% della popolazione musulmana globale.
Il mercato globale dei resort sulla spiaggia è un mercato in forte crescita stimato a 250 miliardi di dollari nel 2014, che rappresentano il 30% del mercato totale di hotel e resort, e con questa quota che dovrebbe crescere in futuro:
Il panorama dei resort sulla spiaggia si è ampliato, dal rivolgersi principalmente ai viaggiatori attenti al prezzo all'affrontare una vasta gamma di gruppi di clienti e offrire un'ampia gamma di livelli di prezzo, dal budget al lusso.
Con i viaggiatori musulmani che hanno speso circa 28 miliardi di dollari in resort sulla spiaggia nel 2014 e con un ampio margine per un'ulteriore specializzazione nel settore, c'è stato un numero crescente di resort sulla spiaggia rivolti

principalmente ai viaggiatori musulmani e che soddisfano pienamente le esigenze dello stile di vita dei musulmani.
Il rapporto di Salaam Gateway ha identificato 32 resort sulla spiaggia incentrati sui musulmani nei paesi dell'OIC che affrontano l'ampia gamma di esigenze di stile di vita dei viaggiatori musulmani, nonché oltre 30 resort a favore dei musulmani:
Oltre al Alimentare halal, all'assenza di alcolici nei locali e agli spazi di preghiera dedicati, tutti questi resort attraggono famiglie musulmane fornendo piscine separate, centri fitness e spiagge per donne e tendono a competere su prezzo, posizione e qualità del servizio.
La Turchia è il mercato più affermato, con 28 resort dedicati ai viaggiatori musulmani e comprende resort a 3, 4 e 5 stelle: 17 di questi resort offrono prezzi di camere familiari in alta stagione inferiori a $ 300 a notte, i restanti 11 hanno prezzi di punta che vanno da $ 300 a $ 990 a notte, con il resort a 5 stelle Angel's Marmaris più costoso, seguito dal Piynar Villa Hotel. I restanti resort incentrati sui musulmani si trovano in Egitto, Giordania, Kuwait ed Emirati Arabi Uniti, con prezzi di alta stagione che vanno da $ 264 fino a $ 1.348 a notte. Sono stati inoltre individuati 32 resort favorevoli ai musulmani, di cui 11 in Thailandia e cinque alle Maldive, che soddisfano le esigenze dei musulmani, compresa la Alimentare halal, strutture ricreative segregate per le donne e offerta di locali analcolici.

Turismo: sfide e opportunità

Sfide

↘↘ Ospitare musulmani e non musulmani nella stessa destinazione. Ciò è particolarmente rilevante per le destinazioni balneari, dove i musulmani vogliono evitare di guardare gli occidentali in bikini, mentre alcuni non musulmani preferiscono festeggiare liberamente senza essere seguiti da occhi attenti. Un approccio per evitare ciò è designare aree separate per i musulmani e altre per i non musulmani. L'isola indonesiana Lombok fa proprio questo. Per evitare di scoraggiare i visitatori non musulmani a Lombok, oltre a evitare di offendere i turisti musulmani con gli abiti succinti indossati dai bagnanti, il governo locale ha individuato delle aree adatte agli ospiti musulmani, dove i turisti occidentali devono coprirsi, mentre le feste gli hotspot della zona, come la piccola isola di Gili Trawangan al largo della costa occidentale di Lombok, rimangono inalterati.

↘↘ Marketing per i viaggiatori musulmani senza alienare i non musulmani. Gli hotel e le destinazioni che si rivolgono ai turisti musulmani non vogliono certamente attrarre il segmento dei viaggiatori musulmani a scapito di altri mercati, e quindi un dilemma è quale dovrebbe essere la loro strategia di marketing. Un approccio è quello di commercializzarsi come un hotel/destinazione adatto alle famiglie senza usare i termini "musulmano" o "Halal". Al Jawhara , un gruppo alberghiero con sede a Dubai, sta facendo proprio questo. Nelle loro pubblicità, Jawhara promuove la sua "ospitalità unica orientata alla famiglia ", nonostante il fatto che l'hotel soddisfi chiaramente le esigenze dei musulmani. Un altro gruppo alberghiero che soddisfa con successo le esigenze dei musulmani pur essendo inclusivo e non definendosi un hotel Halal è Shaza Hotels. L'operatore di hotel di lusso si concentra sull'autentica ospitalità araba pur essendo

orientato ai valori, e quindi si rivolge sia ai musulmani che ai non musulmani.
Un altro modo per evitare il dilemma del marketing per i musulmani senza alienare gli altri, è quello di rivolgersi al pubblico musulmano attraverso canali di marketing mirati, come i media musulmani, le pubblicazioni locali nei paesi a maggioranza musulmana, nonché campagne pubblicitarie mirate.

↘↘ Raccolta di finanziamenti. Alcuni investitori sono ancora riluttanti a investire in hotel e resort asciutti per i musulmani poiché temono che ci sarà una perdita di entrate nel settore del Alimentare e delle bevande. Laurent Voivenel di Hospitality Management Holdings ritiene che un hotel asciutto possa produrre gli stessi profitti di uno che serve alcolici se i proprietari si concentrano sui banchetti.
Le iniziative di viaggio non immobiliari affrontano una lotta ancora più dura per assicurarsi finanziamenti conformi alla Shairah poiché gli investitori evitano tali progetti. Il fondatore di Irhal , un sito web che fornisce guide della città per i viaggiatori musulmani, ha lottato per assicurarsi finanziamenti. Di recente ha rifiutato un'offerta di $ 100.000 da Dubai Silicon Oasis come parte dell'iniziativa del governo di Dubai per finanziare le aziende nello spazio dell'economia islamica, perché l'importo non era sufficiente per raggiungere il loro prossimo traguardo. Stanno cercando almeno 1 milione di dollari in cerca di investimenti negli Stati Uniti e al momento della stesura di questo rapporto sta partecipando alla Mass Challenge 2015, il più grande acceleratore di startup del mondo con sede a Boston,

Massachusetts, negli Stati Uniti, ed è l'unico iniziato dall'arabo mondo selezionato per partecipare.

↘↘ Un esempio di successo è Yam safer, una start-up di prenotazione di hotel dalla Palestina che ha raccolto $ 3,5 milioni di round di serie B da Global Founders Capital, il fondo di investimento europeo istituito nel 2013 dai fondatori di Rocket Internet Oliver e Marc Samwer .

↘↘ Essere amico dei musulmani/Halal significa cose diverse per persone diverse. L'industria dei viaggi non ha concordato cosa significano i termini Halal Holiday o Muslim friendly resort e ogni giocatore sta applicando la propria interpretazione dei termini.

↘↘ Convergenza con altri sottosettori di viaggio o altri settori dell'economia islamica. Un esempio della conversione del marketing delle destinazioni con le compagnie aeree è Tourism Australia e Tourism Malaysia, che hanno firmato accordi di marketing con Etihad Airways. Un altro esempio è MasterCard, una società tecnologica globale nel settore dei pagamenti che ha offerto vantaggi legati ai viaggi ai suoi titolari di carte conformi alla Shari'ah nel sud-est asiatico e ha collaborato con Crescent Rating per co-sviluppare il "MasterCard-Crescent Rating Global Muslim Travel Indice.'

↘↘ Un'opportunità per sviluppare resort a misura di musulmano. C'è una domanda crescente di resort amichevoli per i musulmani. HalalBooking.com ha commercializzato resort halal-friendly in Turchia negli ultimi 6 anni. Hanno iniziato a ricevere prenotazioni di milioni nel 2014 per resort e sperano di raggiungere i 10 milioni per hotel per molti degli hotel entro la fine del 2015 e nel 2016. La popolarità di questi resort halal ha portato la regione di Antalya, a sud costa della Turchia per aggiungere cinque nuovi resort nel 2015, aumentando così il numero totale di resort halal-friendly a quindici. Secondo HalalBooking.com, i margini per i resort halal-friendly all-inclusive sono significativamente più alti rispetto alle loro controparti tradizionali, dato che l'alcol, che è un elemento ad alto costo, viene tolto dall'equazione, risultando in milioni di dollari di profitto in una stagione per un resort all inclusive. Secondo HalalBooking.com, sempre più investitori stanno diventando consapevoli del concetto di vacanze Halal e si aspettano che inizieremo a vedere nuovi hotel, resort e complessi di ville apparire in molti altri paesi. Un'opportunità per prendere di mira la classe media emergente, soprattutto nel sud-est asiatico. Molti attori del settore stanno ancora prendendo di mira i viaggiatori facoltosi del GCC. Anche se questo ha senso per i marchi premium. C'è un'enorme opportunità nello sviluppo di prodotti di fascia media per il segmento di mercato medio. Il signor Laurent Voivenel di Hospitality Management Holdings ritiene che la sostenibilità a lungo termine dell'industria del turismo dipenda dallo sviluppo del settore del bilancio che si rivolge alla classe media in crescita.

↘↘ Possibilità di concentrarsi su temi come il volontariato, l'ecoturismo, il turismo etico e il viaggio esperienziale. Le compagnie di viaggio che si rivolgono al mercato musulmano possono differenziarsi fornendo viaggi a tema che si legano alla tendenza globale in crescita verso il turismo etico e i viaggi esperienziali, che sono in linea con gli insegnamenti dell'Islam. Una compagnia di viaggi musulmana coinvolta nel volontariato e nei viaggi socialmente responsabili è Holiday Bosnia. Una società con sede a Dubai, Holiday Bosnia offre viaggi filantropici in

Bosnia in cui i viaggiatori interagiscono con la comunità locale e possono partecipare a opere di beneficenza, oltre a donare a progetti comunitari.
Alla fine, le aziende e gli operatori del turismo islamico dovrebbero continuare a migliorare e diversificare i loro prodotti e servizi, fornire pacchetti più attraenti che rispondano alle esigenze dei musulmani in tutto il mondo, tra cui Hajj , Umrah, città del patrimonio, mostre commerciali e culturali e strutture ricreative. Come ha osservato un critico, le agenzie turistiche islamiche dovrebbero fare di meglio per presentare i loro prodotti, le promozioni locali e internazionali . "Non forniscono un orario rigoroso per i tour o, se lo fanno, non vengono rispettati." Inoltre, i governi e il pubblico in generale ovunque dovrebbero fare tutto il possibile per arginare la violenza e le attività terroristiche, che paralizzano la vita quotidiana e sono particolarmente dannose per l'industria turistica. Nel frattempo si consiglia alle autorità governative di trovare strategie appropriate che evitino l'imposizione di restrizioni di viaggio non necessarie e vedano il turismo islamico come un presagio di migliore comprensione tra le nazioni.

5- Moda

Modest Fashion è emersa dai margini dell'industria della moda per avere un posto fisso sulle passerelle e nei negozi di alta moda. I marchi di moda Dolce & Gabbana e H&M hanno entrambi utilizzato modelli Hijabi e creato collezioni Modest Fashion per attrarre le donne musulmane.
La spesa musulmana per abbigliamento e calzature è stata stimata in 254 miliardi di dollari nel 2016, in aumento del 4%

rispetto al 2015 e si prevede che crescerà del 7% all'anno per raggiungere i 373 miliardi di dollari entro il 2022.
I millennial musulmani, in particolare le donne, stanno portando avanti questo mercato, sia come consumatori che come designer. In effetti, Modest Fashion si sta rivelando particolarmente innovativa, fondendo stili locali provenienti da culture diverse come la Malesia e il Medio Oriente, a New York e Londra. Ciò è particolarmente evidente nel design Hijab, con i negozi che spuntano offrendo un'ampia gamma di stili, alle aziende di abbigliamento sportivo mainstream come Nike e Hummel danese che sviluppano linee sportive Hijab.
Modest Fashion sta guadagnando terreno online attraverso nuovi rivenditori come Modist e attori più affermati come Net-A-Porter che dedicano la sua campagna Primavera/Estate 2017 alle donne del Medio Oriente. Instagram si sta rivelando un importante influencer, mentre i marchi utilizzano Muslim
blogger per sviluppare e mettere in evidenza le collezioni. Internet è stato utilizzato con successo anche per raccogliere fondi iniziali e per fare appello a società di capitali di rischio e investitori angelici.
Con una spesa musulmana per l'abbigliamento di 254 miliardi di dollari nel 2016 e che si prevede raggiungerà i 373 miliardi di dollari entro il 2022, i governi e gli incubatori dell'OIC stanno supportando i marchi e i fornitori di Modest Fashion per diversificare le loro offerte di prodotti e adattarsi alla domanda dei consumatori.
Tuttavia, mentre l'accettazione mainstream della Modest Fashion da parte dell'industria della moda è in aumento, gli atteggiamenti negativi nei confronti dell'Islam stanno ostacolando la crescita in alcuni mercati. Le restrizioni sugli

indumenti coperti in Europa sono in aumento e il governo cinese ha vietato i veli nei luoghi pubblici nella provincia dello Xinjiang.

Tuttavia, con l'industria della moda che mostra Modest Fashion come mai prima d'ora e la crescita della spesa musulmana per l'abbigliamento che riflette quella della crescita globale, questo segmento offrirà importanti opportunità di investimento negli anni a venire.

Il rapporto sullo stato dell'economia islamica globale 2017/18 stima che le popolazioni musulmane a livello globale abbiano speso un totale di 254 miliardi di dollari in abbigliamento nel 2016, l'11% della spesa del mercato globale di 2,3 trilioni di dollari. Si tratta di una crescita del 4,2% rispetto all'anno precedente ed è paragonabile alla crescita del mercato globale del 4,3%. La spesa musulmana per l'abbigliamento dovrebbe raggiungere i 373 miliardi di dollari entro il 2022, un CAGR del 6,8% rispetto al 2016.

Il mercato musulmano dell'abbigliamento è al terzo posto dietro a Stati Uniti (412 miliardi di dollari) e Cina (357 miliardi di dollari) e davanti a Regno Unito (116 miliardi di dollari) e Germania (103 miliardi di dollari).

I paesi musulmani con la spesa più alta per la moda musulmana nel 2016 sono stati la Turchia (27,4 miliardi di dollari), gli Emirati Arabi Uniti (20,8 miliardi di dollari), la Nigeria (17,6 miliardi di dollari), l'Arabia Saudita (16,0 miliardi di dollari) e l'Indonesia (13,5 miliardi di dollari). Anche Russia e India, paesi con minoranze musulmane, hanno speso rispettivamente $ 11,9 e $ 11,1 miliardi.

moda modesta : opportunità e sfide

OPPORTUNITÀ

1. L'ESPANSIONE DEI CANALI È UNA FASE OPERATIVA CRITICA PER LA CRESCITA

- Lo spostamento della strategia di vendita al dettaglio da online a offline accelererà una crescita sostanziale e il riconoscimento del marchio e può dare origine a società di moda Modest completamente integrate verticalmente con capacità di produzione e canali di distribuzione online e offline.
- Spostare la produzione da un focus sul basso costo alla sostenibilità è una reale opportunità per Modest Fashion di attrarre consumatori basati sui valori e creare un legame più forte tra i paesi OIC che producono e commercializzano moda modesta.

2. TUTTAVIA, LA LIMITATA SOFISTICA DEL MARKETING PUÒ LIMITARE LA CRESCITA

- L'abbigliamento sportivo modesto globale rimane un segmento di prodotti entusiasmante e potrebbe dare origine a un marchio globale di abbigliamento sportivo modesto in scala che è un appuntamento fisso di sponsorizzazione nei principali eventi sportivi e un punto di riferimento per le donne musulmane che cercano di competere atleticamente.

3. LA CONVERGENZA CON FINANZA E INVESTIMENTI È UN ABILITATORE CRITICO PER LA CRESCITA DEL SETTORE, SENZA IL CUI LA MODESTA MODA RIMARRA' UNA NICCHIA

- Gli acceleratori possono svolgere un ruolo chiave nell'aiutare le aziende promettenti della moda modesta a crescere e iniziare un viaggio verso la creazione di entità multimiliardarie con un'impronta globale
- Il sistema bancario partecipativo ha una solida base di potenziali clienti in Modest Fashion e può soddisfare le diverse esigenze delle aziende di Modest Fashion in rapida espansione, dal capitale circolante
e le spese in conto capitale per il commercio internazionale.

4. LA CONVERGENZA INTER-SETTORIALE E LE OPPORTUNITÀ SONO MATURE PER L'ESPLORAZIONE, SOPRATTUTTO PER I CONGLOMERATI DI PRODOTTI LIFESTYLE: Esistono solide opportunità di co-marketing con attori del settore dei viaggi e dei prodotti, con Modest Fashion un potenziale motore del turismo e un fulcro per attrarre i musulmani turisti nei paesi dell'OIC e potenti proposte di vendita al dettaglio che combinano moda e prodotti al dettaglio.

SFIDE

1- Le agenzie governative che impongono normative contro gli abiti religiosi possono limitare la portata dell'industria nei paesi non OIC, determinando un mercato frammentato, poiché la domanda tende a essere più concentrata in alcune regioni rispetto ad altre.
2- La mancanza di sofisticatezza di marketing può limitare la portata del settore, con i marchi tradizionali che entrano nel settore e conquistano quote di mercato per categorie altamente redditizie e con le aziende di Modest Fashion incapaci di competere efficacemente sulla qualità o sul prezzo dei prodotti
3- Le contraffazioni di marchi originali sono un problema comune nel settore e possono essere costose, contribuendo alla mancanza di innovazione di prodotto, più prodotti "anch'io" che limitano la scala delle aziende di Modest Fashion.
4- Tuttavia, la continua mancanza di fondi limiterà la traiettoria di crescita delle aziende di Modest Fashion. Di conseguenza, ci sarà un alto tasso di fallimento per le aziende che cercano di espandersi, con storie di

successo globali limitate, e spetterà alle grandi multinazionali realizzare l'opportunità

6- Settore Halal Media e Tempo Libero

L'Islam ha una cultura estremamente ricca e diversificata, che abbraccia l'Africa e il Medio Oriente, fino all'India, all'Asia centrale, alla Malesia, all'Indonesia e alle Filippine. Ma nonostante tale diversità, la narrativa musulmana è stata definita da altri negli ultimi decenni. Oggi c'è un reclamare quella narrativa, con un riemergere della cultura musulmana sugli schermi televisivi, nei libri e online.

Il settore è stato dimensionato a 198 miliardi di dollari nel 2016, con un aumento del 5% rispetto al 2015 e si prevede che crescerà del 6% all'anno per raggiungere i 281 miliardi di dollari entro il 2022.

Prendendo spunto dal libro dei media a tema cristiano, vengono prodotti nuovi film e serie TV per attirare i musulmani di tutto il mondo. Anche i media mainstream stanno abbracciando i contenuti islamici, che si tratti di Buzzfeed che lancia una raccolta "Snapchat" che raccoglie le esperienze di vita dei musulmani, o dei canali Amazon che offrono film e documentari sulla cultura musulmana attraverso il servizio di video on demand Alchemiya . Il fascino di tali piattaforme non è limitato ai musulmani. Circa il 10 per cento dei clienti di Alchemiya non sono musulmani, e si prevede che questa cifra aumenterà al 40 per cento a causa di incroci mediatici e di una maggiore esposizione ai media mainstream.

Riflettendo la cultura tradizionale, ma allo stesso tempo creando un'immagine positiva dell'Islam, i manga musulmani (fumetti) sono un genere in crescita mentre le serie TV

animate come "Burka Avengers" hanno dimostrato di essere popolari oltre il suo pubblico di destinazione iniziale in Pakistan, espandendosi a mercati indonesiano e afgano.
Mentre i supereroi musulmani sono popolari nel segmento giovanile, l'editoria a tema musulmano si rivolge a tutte le fasce d'età, sostenuta da editori tradizionali come Simon & Schuster e Bloomsbury con linee dedicate a contenuti a tema islamico e in lingua araba.
Vengono lanciate anche app educative, mentre il movimento punk islamico sta guadagnando ascoltatori nell'Indonesia a maggioranza musulmana, attratto da un mezzo meno convenzionale per promuovere l'Islam.
Ma nonostante un ambiente mediatico sempre più diversificato, Halal Media and Recreation, in particolare la televisione, non è abbastanza diversificato. Nel segmento televisivo c'è stata una raffica di nuovi canali TV islamici, ma il contenuto è incentrato più sui sermoni e sulla recitazione coranica che sulla fornitura di contenuti che potrebbero avere un fascino più ampio. Eppure, con la spesa musulmana per i media e l'intrattenimento in crescita anno dopo anno, raggiungendo $ 198 miliardi nel 2016 e prevedendo di raggiungere $ 281 miliardi entro il 2022, Halal Media and Recreation continuerà ad attrarre investimenti grazie a una popolazione musulmana giovane e diversificata.
Il rapporto sullo stato dell'economia islamica globale 2017/18 stima che le popolazioni musulmane a livello globale abbiano speso un totale di 198 miliardi di dollari in media e attività ricreative nel 2016, il 5,2% del mercato globale di 3,84 trilioni di dollari. Si tratta di una crescita del 5% rispetto all'anno precedente ed è superiore alla crescita del mercato globale del 4,1%.

La spesa musulmana per i media e le attività ricreative dovrebbe raggiungere i 281 miliardi di dollari entro il 2022 (5,7% della spesa globale), un CAGR del 6% rispetto al 2016. Il mercato musulmano dei media e della ricreazione si è classificato al sesto posto a livello globale, dietro a Stati Uniti ($ 1,2 trilioni), Giappone ($ 278 miliardi), Cina ($ 268 miliardi), Regno Unito ($ 251 miliardi) e Germania ($ 213 miliardi).
I primi dieci mercati musulmani con spese per i media e le attività ricreative sono stati equamente divisi tra paesi a maggioranza musulmana e paesi a minoranza musulmana. I primi sei includevano Turchia ($ 26,0 miliardi), Stati Uniti ($ 20,5 miliardi), Russia ($ 11,8 miliardi), Arabia Saudita ($ 10,3 miliardi), Regno Unito ($ 9,7 miliardi) e Indonesia ($ 9,0 miliardi).
Oltre a Stati Uniti, Russia e Regno Unito, altri paesi appartenenti a minoranze musulmane nella top ten includevano Francia e Germania, che hanno speso rispettivamente 8,6 e 8,7 miliardi di dollari.

Settore Halal dei media e delle attività ricreative: opportunità e sfide

OPPORTUNITÀ

1. LA FINANZA PUÒ SVOLGERE UN RUOLO SIGNIFICATIVO NEGLI SVILUPPI DEL SETTORE: Halal Media and Recreation è un settore promettente per le società di investimento incentrate sui media, che può supportare il sostanziale ridimensionamento delle società esistenti e contribuire a plasmare una narrativa positiva sull'eredità islamica.

2- L'INTERSEZIONE DI HALAL MEDIA & RECREATION E L'ECONOMIA ISLAMICA CREA UNA SOSTANZIALE OPPORTUNITÀ

- Halal Media and Recreation può fungere da canale per la pubblicità dell'economia islamica, di conseguenza le principali piattaforme Halal Media and Recreation, online e televisive, diventano un modo scalabile e praticabile per raggiungere i consumatori musulmani, dando origine a un multi-miliardario di dollari settore pubblicitario.
- Esistono anche solide opportunità di convergenza con l'istruzione islamica, come evidenziato da Social Media Feedback in precedenza nel rapporto, che può dare origine a un forte marchio integrato multimiliardario che copre i media, lo stile di vita e l'istruzione che soddisfa le esigenze dei musulmani attraverso i contenuti e l'apprendimento .

3. L'INNOVAZIONE E IL PASSAGGIO IN NUOVI GENERI È FONDAMENTALE PER LA MATURITÀ DEL SETTORE

- I generi per bambini e adolescenti sono opportunità molto interessanti, che vengono affrontate da nuovi attori come Muslim Kids TV, con una sostanziale opportunità di scalare.
- Il Ramadan è un'opportunità chiave per raggiungere i consumatori musulmani e continuerà a vedere una raffica di pubblicità dedicata e incentrata sui musulmani, e in futuro potrebbe generare miliardi di dollari di entrate per i media in paesi non OIC, supportati da una considerevole pubblicità musulmana specializzata agenzie.

- Esistono solide opportunità di co-marketing con attori del settore dei viaggi e dei prodotti, con Halal Media and Recreation un potenziale motore del turismo e un fulcro per attrarre turisti musulmani nei paesi dell'OIC e un potente potenziale pubblicitario per Modest Fashion.

SFIDE

1- Tuttavia, la sfida esistente della finanza rimane e gli investitori sorvoleranno Media e attività ricreative, limitando i finanziamenti, a meno che non vengano coinvolti investitori comprensivi e incubatori di supporto, compresi gli enti governativi, per aiutare a sviluppare il settore.
2- Tuttavia, i diritti di PI scarsi limitano l'innovazione e rischiano di limitare il settore agli spettacoli religiosi, in gran parte finanziati da donazioni e sforzi di sensibilizzazione della comunità.
3- Inoltre, la connotazione negativa del marchio, basata sull'elevato numero di interazioni negative sui social media, potrebbe limitare la capacità di Halal Media and Recreation di avere un impatto significativo sulla vita dei musulmani.
4- Tuttavia, la mancanza di fattibilità del modello di business ha un impatto sulla crescita: in futuro, se non affrontate, le donazioni rimangono una parte fondamentale del modello di business, risultando in un settore ampiamente frammentato, concentrato su paesi o regioni specifici, con la mancanza di Halal moderno e su larga scala. Media e tempo libero.

IV. Lo sviluppo dell'Halal Industria

Non sarebbe esagerato affermare che l'Europa oggi affronta enormi sconvolgimenti. Non passa giorno nei centri di potere di Berlino, Parigi e Londra senza che emergano nuove ansie intorno agli stati indebitati e piani urgenti per ulteriori pacchetti di salvataggio. La posta in gioco è il ruolo futuro degli stati-nazione nell'Unione europea e, naturalmente, la prosperità di un intero continente. La più grande crisi finanziaria e debitoria della storia umana ha raggiunto il cuore delle società europee e le ha rese profondamente insicure.

Dopo un decennio della cosiddetta guerra al terrorismo è ancora una volta chiaro che viviamo in un'epoca dominata dalle questioni economiche. Il potere economico ha rovesciato la politica dal piedistallo del suo primato e la possibilità di acquisire grandi quantità di capitale domina il panorama politico. Non sono gli estremisti, per quanto deplorevole possa essere la loro esistenza, che stanno minando e mettendo in pericolo le nostre democrazie, sono le condizioni economiche.

In tutto questo ci sono due aree in cui le élite europee restano pericolosamente disinformate. Per molti anni non hanno notato la pressione incessante esercitata dagli strumenti della moderna tecnologia finanziaria e i pericoli che questi strumenti comportano. Fino a poco tempo solo pochissimi specialisti all'interno della politica europea sapevano cosa fosse un derivato. I parlamentari si lamentano pubblicamente di non capire fondamentalmente le cose che si stanno facendo per salvare l'euro.

In secondo luogo, a parte una spolverata di slogan, l'Islam in Europa rimane un'incognita. La discussione sui musulmani in Europa di solito riguarda solo le varie manifestazioni dell'Islam politico. La legge finanziaria islamica, essenziale per una comprensione profonda della società islamica, è nota solo a pochi addetti ai lavori. E solo lentamente gli stessi musulmani correggono le molte incomprensioni che esistono sulla loro pratica di vita.

Questa crisi in tutta Europa offre un'opportunità storica per i musulmani che vivono lì. Ci sono state numerose segnalazioni sulla posizione dei musulmani, di fronte alle questioni economiche, e su ciò che la Shari'ah dice al riguardo, e questo ha creato un certo grado di interesse. Per la prima volta, l'Islam ha potuto mostrarsi in quest'area come parte di una soluzione piuttosto che come parte di un problema. Esaminati più da vicino, i principi economici di base dell'Islam sono in effetti altamente ragionevoli.

Il culto del capitalismo che si è affermato in tutto il continente dopo la caduta del comunismo sta ora lasciando il posto a un'atmosfera di serio dubbio e di ricerca di alternative. Il filosofo Walter Benjamin ha criticato l'aspetto quasi religioso del capitalismo, osservando che il capitalismo serve a "calmare le stesse ansie, agonie e disagi a cui un tempo davano risposta le cosiddette religioni". In altre parole, l'Illuminismo aveva finalmente raggiunto il modello economico occidentale.

Fu forse l'intellettuale italiana, Loretta Napoleonic, a riconoscere per prima la nuova situazione ea vedere qualcosa di positivo nell'Islam. Negli anni '90, in seguito alla riunificazione della Germania, scrisse un libro intitolato "Rogue Economics" che spiegava gli effetti devastanti del capitalismo ora che aveva superato ogni limite. In questo

libro il giornalista riconosce l'Islam come una forma ispiratrice di attività economica moderata.
Sebbene Napoleonica sia stata effettivamente conosciuta come una critica dell'Islam, alcuni anni dopo sul quotidiano " Osservatore Romana", affermò rispettosamente sul diritto economico islamico: "Crediamo che la finanza islamica possa contribuire a stabilire nuove regole per la finanza occidentale... I moduli di investimento conformi alla Shari'ah impediscono la generazione artificiale di denaro". Era un punto importante che aveva sollevato.

Opportunità

La presenza di oltre 54 milioni di musulmani in Europa ha ovviamente fatto sì che molti europei non musulmani siano venuti a conoscenza di alcuni aspetti della pratica islamica. La maggior parte degli europei sa che i musulmani non mangiano carne di maiale né bevono alcolici e che considerano questo come parte di uno stile di vita divinamente ordinato. La gente sa anche che certe cose possono essere permesse e altre proibite in una religione, ma che tali regole potrebbero svolgere un ruolo decisivo nelle transazioni economiche quotidiane rimangono nascoste alle persone di altre religioni o nessuna religione. Questo nonostante il fatto che il cristianesimo e l'ebraismo per gran parte della loro storia abbiano proibito di interessarsi proprio come fa l'Islam.
Il principio più importante che noi musulmani dobbiamo ora trasmettere è che la Shari'ah , lungi dall'essere un sistema di coercizione di tipo irrazionale, intende soprattutto prevenire ciò che è dannoso e incoraggiare ciò che è benefico per gli esseri umani. Dal momento che il Creatore ha messo tutto

su questa terra a disposizione delle persone, uno dei principi fondamentali dell'Islam è che tutte le cose sono permesse a meno che non siano esplicitamente proibite dalla Shari'ah . Ciò significa che l'Islam è una pratica di vita che semplifica le cose, stabilendo una via di mezzo piuttosto che estremi. Questo è anche il motivo per cui il Corano mette in guardia specificamente dal proibire le cose che sono consentite. In questo contesto, spesso si dimentica che oltre a dover essere "halal", un alimento dovrebbe essere anche " tayyib ", che significa "buono". Quindi, ciò che è in questione non è solo come viene macellato qualcosa, ma anche che il Alimentare - e, naturalmente, gli animali - vengono maneggiati in modo corretto e ragionevole. Inoltre, oltre ai musulmani che si aspettano che i loro cibi siano permessi, vogliono anche che siano stati scambiati in modo equo e adeguatamente pagati. L'ingiunzione coranica al commercio "di comune accordo" oggi si traduce semplicemente come "commercio equo".

Poiché crediamo che le regole dell'Islam abbiano un senso oggi come in passato, noi musulmani dobbiamo partecipare con fiducia alla discussione pubblica su un sistema di approvvigionamento economicamente sostenibile. Ci sono grandi opportunità qui per i musulmani d'Europa di posizionarsi vantaggiosamente. A livello globale, oltre 2,1 miliardi di musulmani sono potenzialmente collegati in rete in un mercato halal e rappresentano un enorme potere di spesa e potenziale economico.

I consumatori musulmani nel mondo, secondo i sondaggi, non possono essere correttamente classificati come liberali o conservatori. Sono invece motivati e ambiziosi, con una mentalità globale, istruiti e ottimisti e aperti alle innovazioni tecniche. Ma sono anche sostenitori delle tradizioni familiari, pro-comunità, custodi delle loro culture e, non ultimo, si divertono a praticare l'Islam. Questo vale in Asia e in America proprio come in Europa. Può darsi che quei musulmani in Europa, che hanno studiato la filosofia europea e la sua critica alla tecnologia, siano meno inclini a credere in quella tecnologia con tutto il cuore di quelli che non l'hanno fatto.

La posizione economica dell'Islam e il mercato in crescita dei prodotti e servizi halal non sono diventati un argomento di alcuna importanza in Europa fino a tempi relativamente recenti. Ciò è alquanto sorprendente dato che la maggior parte dei principali libri legali dedica centinaia di pagine a contratti, leggi di mercato e decisioni economiche fondamentali. Il Corano menziona non solo la preghiera, ma anche la presa della zakat, che è un'imposta sul patrimonio obbligatoria, anche se moderata. Non c'è dubbio che questo sia un aspetto molto intrigante dell'Islam.

Il tema "Islam ed economia" merita molta più attenzione per diversi motivi. I milioni di musulmani che vivono in Europa, in altre parole le masse di consumatori musulmani autoctoni e immigrati, rappresentano una forza economica in crescita. Quattordici milioni di musulmani vivono nell'Unione Europea, 4,3 e 5,4 milioni dei quali vivono rispettivamente nelle nazioni economicamente più forti della Germania e della Francia. Tutte queste persone investono, comprano e risparmiano, e – questo è il prossimo aspetto – lo fanno osservando particolari regole economiche.

Il diritto economico islamico, di cui i regolamenti del mercato halal sono solo una parte, rappresenta un intreccio di regole, standard e divieti che nella sua totalità merita il riconoscimento come economia alternativa. Implica molto di più che semplici disposizioni sulla produzione di Alimentare. Nell'Islam, la vita lavorativa deve essere

costruita attorno al libero mercato, al commercio equo e alle rotte del libero scambio; senza questo quadro, molte delle regole dell'Islam non hanno alcun senso.
La combinazione di potere economico e conoscenza di cui dispongono i musulmani rappresenta quindi un enorme potenziale, poiché con una certa intelligenza possono mostrare nuovi modi di fare e proporre importanti alternative, consentendo ai musulmani di essere percepiti in Europa come i pionieri di un'economia completamente alternativa. Solo come uomini d'affari e produttori, solo come commercianti equi e fornitori onesti i musulmani presenti in Europa saranno accolti positivamente dalle società a maggioranza non musulmana. Questo porterà con sé un urgente rinnovamento dell'immagine musulmana.
La domanda globale di Alimentare halal è in aumento e alcuni stimano che la domanda aumenterà del 20% ogni anno da ora fino al 2025. Anche l'importanza del mercato europeo è in costante crescita. Il mercato europeo dei prodotti alimentari halal ha attualmente un volume di circa 66 miliardi di dollari e i mercati di Germania e Francia hanno un potenziale non sfruttato particolarmente ampio. Il Canadian Global Pathfinder Report sulle tendenze alimentari halal ha riportato nel 2009-2010 più di 40 prodotti halal lanciati di recente solo in Germania e Francia.
La domanda è come convertire questi fatti incoraggianti in risultati positivi per i musulmani e chi alla fine trarrà profitto dal potenziale economico di questo mercato. Ci sono alcuni problemi che devono essere riconosciuti e discussi apertamente.

I problemi

Non mancano certo le difficoltà che circondano quello che è di per sé lo scenario positivo del potere d'acquisto dei musulmani. I musulmani sono tutt'altro che uniti quando si tratta di affari halal. Discutono su come dovrebbero essere applicate le sentenze legali e rimangono divisi in campi nazionali e combattuti tra diversi interessi religiosi. Di conseguenza, i rappresentanti musulmani non hanno né una strategia comune né un concetto di marketing concordato. Né le persone sono molto consapevoli del fatto che il mercato halal, oltre al Alimentare, comprende anche molti altri principi e aree di attività. Ci sono ovviamente sforzi diretti all'apertura di un mercato di prodotti finanziari e assicurativi, ma spesso si tratta semplicemente di copiare altre istituzioni e dare loro un tono religioso aggiungendo l'"islamico" prima del prodotto o servizio. Poche persone hanno effettivamente preso in considerazione l'idea di creare un vero mercato islamico o di rilanciare alcuni degli strumenti finanziari collaudati. Non solo mancano le infrastrutture islamiche, vi è anche la necessità di una rappresentazione aggiornata e convincente dell'insieme dei concetti economici islamici, a partire dal tipo e dal ruolo della moneta, dai regolamenti di mercato e dai prodotti che sono accettabile per l'acquisto.

È importante che i musulmani non adottino semplicemente strategie di vendita apparentemente di successo senza comprendere gli effetti negativi che questi meccanismi possono avere. I supermercati sono un esempio calzante. Bisogna tenere a mente che lo stesso Profeta istituì a Medina una moschea e un mercato, entrambi istituzioni pubbliche e che offrivano entrambi pari accesso a tutti. Per molti secoli era impensabile che pochi fornitori dominassero un mercato.

Il tradizionale mercato islamico era aperto a migliaia di fornitori. In Germania, il mercato alimentare è dominato da pochi discount e l'idea del libero scambio è caduta da tempo nel dimenticatoio. Il proprietario della più grande catena alimentare della Germania è regolarmente in cima alla lista delle persone più ricche del paese. Può darsi che anche questi discount un giorno introducano "dipartimenti halal", ma ciò soddisferebbe davvero i principi del commercio equo nell'Islam?
È certamente essenziale che le persone diventino più consapevoli della diversità e della complessità delle attività commerciali islamiche. A contribuire a tale crescita di consapevolezza non sono solo i media islamici, ma anche grandi mostre come il mercato Euro halal di Bruxelles e il Paris Halal Expo di Parigi. Questi eventi dimostrano rapidamente che i musulmani sono attivi non solo a livello locale ma anche in un contesto più ampio. Dimostrano che i musulmani sono collegati in rete a livello internazionale e sono anche una porta per i produttori europei che desiderano rifornire il mercato musulmano globale. Solo se viene chiarito il significato delle normative halal all'interno di un'economia complessiva, possiamo evitare di creare l'impressione che i musulmani non abbiano altro che una ristretta esperienza nel settore alimentare.
Il mercato halal in Europa porta ancora lo stigma delle pratiche di macellazione esotiche per alcuni europei. È scoppiato anche un feroce conflitto di convinzioni tra gli attivisti per il benessere degli animali da un lato ei musulmani ed ebrei dall'altro. I gruppi conservatori in Europa, alcuni dei quali sono l'islamofobia, hanno tentato di diffamare l'Islam e l'ebraismo come arretrati riguardo al benessere degli animali, e l'amore per gli animali è spesso solo un pretesto

per combattere. Questi sono raggruppamenti che hanno sfruttato abilmente la crescente paura dell'Islam tra gli europei per i propri fini. Una delle sfide che ora i musulmani devono affrontare è condurre in modo intelligente un dialogo che chiarisca la relazione tra l'Islam e il benessere degli animali e chiarire le preoccupazioni di molti musulmani circa gli animali tenuti e macellati in modo inappropriato.
Allo stesso tempo, i musulmani devono prendere posizione nella discussione generale sulla produzione alimentare industriale. I problemi che sorgono sono molto chiari sotto gli occhi di tutti. Ad esempio, l'allevamento di massa di animali può davvero essere compatibile con la legislazione divina?
Un altro grosso problema che deve affrontare il mercato dei giovani halal è la feroce lotta di potere in corso intorno all'argomento della certificazione. Come in altre regioni, in Europa sono aumentati i casi in cui la carne certificata non è stata di fatto macellata in modo corretto. I casi di abuso di certificazione possono essere isolati, ma devono comunque essere presi sul serio. E molti organismi di certificazione "islamici", molti dei quali attivi solo su Internet, sono di dubbia legittimità. Sono stati casi di rivenditori che hanno utilizzato un logo halal inventato, che non è stato approvato da un ente halal autorevole, per vendere carne poiché era più facile da distribuire in alcuni paesi.
In alcuni paesi musulmani la legittimazione dei certificatori è regolamentata dal governo a livello nazionale, mentre in Europa la certificazione tende ad essere nelle mani di un numero sconcertante di enti privati. Ecco perché anche i musulmani in Europa stanno discutendo se la certificazione centralizzata migliorerebbe le cose. Vi sono tuttavia buone ragioni di scetticismo in questo caso, dal momento che la

centralizzazione rischia di rimanere un'utopia per molte ragioni. La complicata divisione e suddivisione dei musulmani in Europa lungo linee etiche e religiose rende improbabile che una tale autorità emerga nel prossimo futuro.

I certificatori seri possono benissimo condividere molti punti in comune, ma ci sono ovviamente differenze tra le scuole legali, come evidenziato dal dibattito in corso sull'anestesia. Anche guardare ai paesi musulmani per la certificazione porta difficoltà: perché i consumatori in Europa dovrebbero rinviare alle autorità all'estero?

C'è un altro grave problema con il torrente di certificazione, che toccheremo solo brevemente. Le persone spesso fanno notare che la certificazione centralizzata non fa che rafforzare davvero le grandi multinazionali e indebolire i piccoli fornitori, anche se operano correttamente come musulmani, perché incoraggia una sovraregolamentazione costosa e promuove la sfiducia nei prodotti non certificati. È difficile respingere del tutto questa argomentazione. E oggi sono proprio le aziende alimentari occidentali a dominare il mercato alimentare globale. Un buon esempio è la società Nestlé. Questa azienda svizzera offre prodotti halal fin dal 1980. Dei 443 stabilimenti del Gruppo, non meno di 85 sono certificati halal. Gli strateghi del Gruppo elaborano il mercato internazionale dagli uffici in Malesia. I loro prodotti per il mondo islamico valgono più di 5 miliardi di franchi svizzeri e costituiscono il 5% del fatturato annuo. Esperti come il dottor Paul Temporal possono lamentarsi della mancanza di competenza di mercato delle aziende occidentali quando si tratta di prodotti halal, ma sicuramente non può riferirsi a questi operatori svizzeri. Tutto ciò significa ovviamente una crescente influenza sugli istituti di certificazione da parte di un piccolo numero di grandi attori. A lungo termine, non può essere nell'interesse dei musulmani che solo pochi monopolisti dominino il mercato alimentare.

Sfide

Una delle cose che i musulmani in Europa finora non sono riusciti a fare è realizzare adeguatamente il proprio potenziale. Ad oggi non esiste un organismo centrale in grado di fornire informazioni valide sulla forza economica dei musulmani. È quasi impossibile ottenere dati precisi, statistiche e analisi di mercato. Né le opportunità che Internet offre per il mercato halal europeo sono state esaurite da uno sforzo di immaginazione. Tuttavia, ci sono barlumi di cambiamento. L'iniziativa mondiale Salam spera di costruire un social network simile a Facebook. Se il progetto avrà successo, ciò avrà conseguenze positive per il mercato halal, dati i suoi 50 milioni di utenti sperati. È tempo che ci sia un mercato virtuale su Internet, che vengano offerti modelli contrattuali islamici e persino un sistema di pagamento alternativo. Ma Internet renderà quasi impossibile una strategia esclusivamente europea. Data la marcia incessante della globalizzazione, è ovviamente importante che i musulmani rafforzino le loro convinzioni legali di fronte a forze di mercato sempre più potenti. Finora i musulmani sono stati relativamente acritici nei confronti delle aziende alimentari, dei supermercati e delle banche rispetto ad altri cittadini europei. Il mondo islamico è rimasto stranamente tranquillo sulla configurazione del denaro, dei monopoli e delle banche. La società europea discute apertamente di tali relazioni da molto tempo. Una revisione critica è attesa da tempo ora che abbiamo raggiunto il 21°

secolo, in particolare una revisione di quelli che le persone chiamano strumenti finanziari islamici.
È noto che nella seconda Sicura del Corano il commercio è consentito e la riba è vietata, il che significa dal punto di vista di un musulmano che la distribuzione monopolistica da parte di un piccolo numero di grandi catene è inaccettabile quanto l'elusione di un divieto di interesse da parte di banche astute. I tentativi di distorcere la legge sono particolarmente diffusi nel mondo della finanza. Le grandi banche e assicurazioni islamiche vedono l'Europa come un grande mercato, in modo del tutto naturale. La Banca islamica della Gran Bretagna aveva già 8 filiali e 42.000 clienti nel 2007 e deteneva investimenti per oltre 135 milioni di sterline. La prima banca turca puramente islamica in assoluto punta ad aprire un negozio in Germania nel 2013. Si stima che i musulmani nella sola Germania possiedano beni per un valore di oltre 25 miliardi di euro, ma questi soldi sono minacciati dall'aumento dei tassi di inflazione. Solo perché una banca si autodefinisce "islamica" non significa automaticamente che operi in armonia con le leggi finanziarie islamiche.
In Germania, le banche islamiche stanno cercando di operare nel mercato immobiliare attraverso contratti che aggirano il divieto di interessi unendo due accordi di vendita consecutivi in uno, ma questo accordo, ironia della sorte, ha tanto inciampato nelle leggi fiscali tedesche. L'Imam Malik, tra gli altri, ha espressamente vietato questo tipo di transazione ovviamente doppia di vendita.
L'organismo di vigilanza bancaria tedesco BaFin ha elogiato le banche islamiche per essere uscite dalla crisi finanziaria relativamente illese e perché stanno più o meno lontano da transazioni rischiose, ma nonostante ciò rimangono

sostanzialmente banche normali come le altre. Sono stati a lungo intrecciati con il sistema bancario non islamico attraverso la speculazione e le complesse relazioni commerciali. In Germania, il Central Muslim Council ha certificato quello che dice essere un prodotto halal emesso da WestLB , una banca che solo di recente ha dovuto essere salvata dal crollo utilizzando milioni di euro di denaro dei contribuenti. I giuristi musulmani non potranno sottrarsi alle lezioni della crisi bancaria e ai crescenti dubbi che le persone nutrono sul rapporto tra banche e creazione di moneta. Ora in Europa è in corso un'ampia e fondamentale discussione tra musulmani, cristiani ed ebrei: "È legittimo che le banche creino denaro praticamente dal nulla?"
Un numero crescente di europei dubita di questa legittimità indipendentemente dalla loro confessione, e persino i membri del Bundestag tedesco come il politico dell'FDP Franz Schäffler chiedono la legalizzazione delle valute private. "Solo allora", sostiene questo politico, "gli stati-nazione saranno impediti di stampare sempre più denaro falso".
I musulmani sono ben posizionati per considerare le possibilità legali di reintrodurre in circolazione le loro monete, ovvero dinari e dirham, che sono sostenuti al 100% da oro e argento e che fanno parte dell'economia islamica da secoli. Considerando la crisi tra gli assicuratori europei, i conti di risparmio gold-back – noti come wadiya – sarebbero un'opzione sicura sia per i musulmani che per i non musulmani. Ma i musulmani non hanno ancora colto queste opportunità nel mercato finanziario. Forse la sfida più grande che dovrà affrontare il futuro mercato halal sarà quella di imparare dalla crisi attuale e di riporre ancora una volta maggiore fiducia nella solidità dei nostri strumenti

finanziari. Dopo l'esperienza del comunismo e del capitalismo finanziario, il compito è trovare una terza via, che è la via di mezzo. Il possesso di proprietà e l'intenzione di realizzare profitti sono entrambi intenzioni onorevoli nell'Islam, ma la legge deve prevenire i monopoli e garantire una concorrenza leale.

Riferimenti

1) Ager, S. N. S., et al. An Analysis of the Definition Of Halal: Shari'ah Vs Statutes. World Academic and Research Congress 2015 (World-AR 2015) Ar-Rahim Hall, YARSI University, Jakarta, Indonesia, 9th – 10th December 2015.

2) Allen&OveryLLP (2009). " Islamic microfinance report for institutions offering Islamic financial services."

3) Awang, R., et al. (2014). "Halal epistemology from a global perspective." Social Sciences (Pakistan) **9**(6): 375- 378.

4) Ayub, M. (2009). Understanding Islamic Finance, Wiley.

5) Dali, N., et al. (2007). HALAL PRODUCTS FROM THE CONSUMERS PERCEPTION. AN ONLINE SURVEY . Proceeding of the Islamic Entrepreurship Conference, Kolej Universiti Islam Malaysia.

6) Dar, H., et al. (2013). Global Islamic Finance Report: GIFR 2013, Edbiz Consulting.

7) Dewar, J. and M. M. Hussain (2011). Islamic Project Finance. International Project Finance: Law and Practice. J. Dewar, OUP Oxford.
8) Fleishman Hillard Majlis (2011). "The Market Opportunity of the Muslim World."
9) Hj Hassan, F. (2013). Halal food marketing: dare to win! Malaysia, UiTM Press.
10) Kamali, M. H. (2010). "The halal industry from a shari'ah perspective." Islam and Civilisational Renewal **1**(4): 595.
11) Kamali, M. H. (2012). "Tourism and the Halal Industry: A Global Shariah Perspective." Islam and Civilisational Renewal (ICR) **3**(3).
12) Malboobi, M. T. and M. A. Malboobi (2012). Halal concept and products derived from modern biotechnology. International workshop for Islamic scholars on agribiotechnology: Shariah compliance.
13) Muhammed , H. (KLCC 30 March – 4 April 2015). Halal: Defining Terms, Educating Communities. MIHAS: The Halal Global Market Place – World Halal Summit.
14) Salaam Gateway (JANUARY 2016). "Muslim-Friendly Beach Resorts: Opportunities and Trends." Monthly Report Series Prepared.

15) Thomson Reuters and Dinar Standard (2017). "State of the Global Islamic Economy 2017/18 Report." Thomson Reuters and Dinar Standard, New York City.

16) Thomson Reuters and Dinar Standard (2016). "State of the Global Islamic Economy 2015/16 Report." Thomson Reuters and Dinar Standard, New York City.

17) Uusmani, M. T. (2002). An introduction to Islamic finance, Brill.

18) Zakaria, Z. (2008). "Tapping into the world halal market: some discussions on Malaysian laws and standards." Shariah Journal **16**(3): 603-616.

www.ingramcontent.com/pod-product-compliance
Lightning Source LLC
LaVergne TN
LVHW010832051026
849532LV00007B/2679
9789594229394